반백년 잘 자란 박달

의사수필동인박달회 50년

1집~10집
   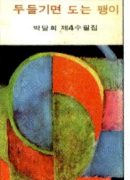 

11집~20집

21집~30집
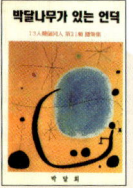    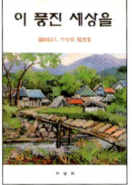

31집~40집

41집~50집

  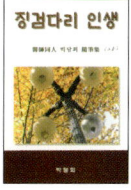  

박달회 정기 모임

창간호
1974년

19집 1992년

20집
1993년

21집
1994년

22집
1995년 6월 13일

23집 1996년

박달회 정기 모임

24집 1997년 6월 10일

30집 2003년 10월 30일

32집 2005년 11월

33집
2006년 11월

35집
2007년 11월5일
대림정에서

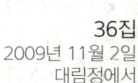

36집
2009년 11월 2일
대림정에서

박달회 정기 모임

37집
2010년 11월 1일
대림정에서

38집 2011년 11월 7일 대림정에서

39집
2012년

40집
2013년

43집
2016년

44집 2017년

박달회 정기 모임

45집 2018년

49집 2022년

카페 소개

어느 문학 동인회든 이름을 갖고 있다. 갖가지 연유를 담고 있는 게 예사이더라도 어차피 보이고 들리며 닿는 것은 그 이름이다.

'박달회'의 '박달'. 이제는 애를 써도 제삼자의 객관성을 견지할 수 없음을 즐거이 고백하며 박달을 이야기한다.

cafe.naver.com/doctoressay

2023년 11월 7일 이비스스타일앰배서더 서울명동에서 14인의 필자가 참석한 가운데 박달회 정기모임이 진행됐다.(채종일, 양훈식, 양은주 저자는 개인 일정상 참석하지 못했다.)

박 달 회 정기 모임 | **윗 줄 왼쪽부터** 박종훈, 홍순기, 곽미영, 홍영준, 김숙희, 박문일, 홍지헌, 조재범
아랫줄 왼쪽부터 정준기, 한광수, 이헌영, 이상구, 최종욱, 유형준

인사말

박달회 50집을 출간하며

의사수필동인 박달회가 박달나무처럼 단단해지면서 창립 50주년을 맞게 되었습니다. 50년 동안 지속할 수 있었던 힘은 선후배 간의 존경과 배려, 의학뿐 아니라 문학에 대한 열정이 었습니다. 그동안 박달회에 적을 두었던 회원이 46명이며 그중에는 작고하시거나, 활동을 멈추신 분들도 있고 지금은 17명의 회원이 참여하고 있습니다. 1973년 4월 창립총회를 하고 1974년 4월에 제1집 〈못 다한 말이〉 출간 이후 한 해도 거르지 않고 수필집을 출간해 왔습니다.

의사들의 수필이라 환자를 진료하면서 느끼는 주제들이 많지만, 올해는 50주년을 기념하는 수필집이어서인지 세월과 인연이라는 주제의 작품들이 많은 것 같습니다.

박달회 반백년을 회고하며 원로 회원들과의 인연을 소개하고 49호에 걸친 박달회 책 제목을 사용하여 '박달 50년 장타령'을 재미있게 표현하기도 했고(이헌영), 산부인과 의사의 길을 가도록 낳아주시고 길러주신 스승을 기리면서 박달회를 낳아준 창립 선배님들과 길러준 후세대 회원들을 추억하기도 하고(박문일), 찬란했던 50세의 나이를 기억하며 박달회도 전성기를 맞기를 바라고(김숙희), 작고한 의사수필가 선배를 회상하고 유족을 통해 전해온 손글씨 편지와 수필집을 읽으면서 시공간을 초월하는 감동을 느낍니다(홍영준), 우리 박달 동인들이 만들었던 50권의 수필집도 오랜 세월이 흐를 때까지 누군가에게 읽히기를 바래봅니다.

세월이 흐르면서 나이 들어가는 주변의 사람들을 아쉬워하고, 인생의 가장 행복한 순간을 표현하는 말이 화양연화지만 아직은 화양연화가 진행 중이라는 필자의 소소한 행복(홍순기), 평생을 바쁘게 산 필자가 처음 꽃구경을 가서 복숭아꽃에 감동하는 글(정준기)을 읽다 보니 초겨울에 접어든 지금 흐드러지게 핀 봄꽃을 그리워하게 됩니다.

안개 낀 두물머리 풍경의 서정적인 수필이 한 폭의 수묵화를 연상시키고, 사물과 사람 모두 균형 잡힌 시각이 필요하다는 시인 수필가의 깊은 시선(유형준), 떨어지는 낙엽을 잡는 행운, 수능을 앞둔 아들, 일상의 찰나 속에서 빛나는 가을의 단상은 짧은 아침 출근 시간을 길게 물들이고 있습니다(양은주).

환자에게 하는 문진은 꼭 필요하고 답도 필요한데 거부감을 나타내는 환자들로 인해 난감하지만 진료실 밖 삶 속의 질문은 답이 꼭 필요하지 않을 수도 있고(곽미영), 사회 전반에 번지는 분노의 표현들은 진료실에도 만연되지만 자제와 세심한 배려의 절실함을 강조하고(최종욱), 치료를 잘 받고 완쾌된 환자에게 주는 증서 없는 졸업장은 건강 관리 잘해서 병원에 더 이상 오지 말라는 것인데 유족이 대신 받아 가는 인생졸업장(사망진단서)은 정말 주고 싶지 않다고 합니다(양훈식).

기생충학을 전공한 필자는 세 분의 스승님을 회상하면서 스승에 대한 존경과 감사의 마음을 전하며(채종일), 천상병 시인의 귀천을 생각하며 돌아가신 어머니에 대한 사모곡을 글로 풀어내고(박종훈), '가고파'를 지은 이은상 시인과의 인연과 함께 가곡 '가고파'에 얽힌 형과의 추억을 그려나간 회고 수필(한광수) 글들이 가슴을 먹먹하게 합니다.

코로나19 사태가 초래한 불안은 마치 섬처럼 고립된 상황이었으며 구조 요청하듯이 글쓰기를 하면서 스스로에게 응답하여 치료를 하기도 했고(홍지헌), 검증이 되었다고 믿었던 과학의 오류를 지적하는 서적을 접하며 느끼는 혼란과 갈등(이상구)은 참으로 공감이 갑니다. 일본의 근대화는 의학에서 시작된 것인데 조선은 이를 수용하지 못해 근대화에 뒤떨어졌고 지금도 일본인들의 의사들에 대한 시선과 대우를 보면서 우리나라의 현 상황을 안타까워합니다(조재범).

이번 50주년 수필집에는 현 회원들 수필뿐 아니라 작고하신 분들을 포함하여 과거 박달회에 10여 년 이상 참여하셨던 회원들의 수필을 박달회 책자에서 선별하여 게재했습니다. 현재 활동하는 회원들은 물론 박달회를 사랑하는 독자들에게 과거를 회상하는 추억의 수필집이 될 것입니다.

50주년 기념수필집에 축사를 보내 주신 이필수 대한의사협회 회장님, 백현욱 한국여자의사회 회장님, 박명하 서울시의사회 회장님, 정지태 수석회 회장님, 김연종 한국의사시인회 회장님, 50년 전 박달회 창립에 함께하신 김지연 작가님, 박달회 연혁을 정리해 주신 유형준 의사수필가협회 회장님(박달회 31대 회장)께 감사 말씀을 드립니다.

50주년 기념행사를 주관하며 총무를 맡아 고생하신 홍지현 선생님과 수필집 발간에 열성을 다해 주신 도서출판 지누의 박성주 대표님께 특별한 감사의 말씀을 전합니다.

2023년 11월
의사수필문학동인 박달회 회장 김숙희

목차

인사말
박달회 50집을 출간하며　12

축사
이필수 대한의사협회 회장　20
박명하 서울시의사회 회장　23
백현욱 한국여자의사회 회장　25
정지태 수석회 회장　27
김연종 한국의사시인회 회장　29

의사수필동인 박달, 現

유형준 · 35
두물머리 느티나무　37

이상구 · 43
'움벨트'에 의한 우리의 착각　45

곽미영 · 51
왜 그걸 물어봐요?　53

정준기 · 59
복숭아꽃 구경　61

김숙희 · 67
내 나이 50세는 찬란했다　　69

박문일 · 75
낳은 情 기른 情　　77

박종훈 · 89
歸 天　　91

홍순기 · 101
내 인생의 화양연화(花樣年華)　　103

양훈식 · 109
의사가 드리는 졸업장　　111

양은주 · 119
물.들.다.　　121

한광수 · 127
가고파　　129

최종욱 · 135
분 노　　137

홍지헌 · 143
섬에서 보내는 편지　　145

목차

홍영준 · 151
시간을 건너 공간을 넘어　153

이헌영 · 159
반백년 잘 자란 박달　161

조재범 · 171
의학에서 시작된 일본의 근대화　173

채종일 · 179
나의 세 분 스승님　181

의사수필동인 박달, 前

회고
김지연 한국소설가협회 명예이사장　196

유태연 · 201
쇼스타코비치 교향곡 제5번 D단조　203

정동철 · 211
내가 「청춘」?　213

맹광호 · 223
멋에 대하여　225

박성태 · 231
　나와 演奏會　　233

신옥자 · 239
　忘年의 病　　241

故 김광일 · 247
　병과는 친구가 돼라　　249

故 김석희 · 257
　천사표 여인　　259

故 박양실 · 267
　저승길을 서두를 필요는 없지　　269

故 소진탁 · 277
　삶의 열두 대문　　279

故 남상혁 · 285
　삶은 석양빛 님 그리는 가냘픈 마음　　287

박달회 50년　　293

- 박달회, 반백년의 지명(知命)을 보라 / 유형준
- 자료 (1973년 ~ 2023년)
   〈자료1〉 역대 회장단 명단
   〈자료2〉 회원 명단
   〈자료3〉 수필집 제목, 회장 총무 및 참여 회원 이름, 출판사명, 발행 년월

축사

의사수필동인 〈박달회〉
50주년을 축하드립니다

이필수
대한의사협회 회장

안녕하십니까. 대한의사협회 회장 이필수입니다.

의사수필동인 〈박달회〉의 50주년을 진심으로 축하드립니다.

이번 50주년 행사 준비를 위해 애써주신 〈박달회〉 김숙희 회장님을 비롯한 모든 분들의 노고에 감사드립니다.

박달회는 1973년 발족한 이후 회원들이 예사롭지 않은 필력으로 의사들의 삶과 애환을 담은 글을 작성해 왔으며, 한 해도 거르지 않고 매년 수필집을 상재해왔습니다.

작년 〈느린 걸음으로〉 수필집에 이은 〈반백년 잘 자란 박달〉 수필집 발간을 진심으로 축하드리며, 회원분들의 열정이 지금의 박달회를 만들어 낸 것이 아닌가라는 생각이 듭니다.

이번 수필집에는 17명의 회원분이 각 한 편의 글을 집필해

17개의 작품이 수록되었습니다. 빠르게 변하는 세상을 따뜻한 시선으로 바라보며 꾸준하게 글을 써 온 회원들의 열정에 감사드립니다.

글을 쓴다는 것은 일상을 되돌아보는 회고의 시간이 되기도 하며, 오래 기억하고 싶은 특별한 순간을 기록하는 수단, 혹은 자신에 대해 더 잘 알게 되는 소중한 기회가 된다고 생각합니다. 이는 쉽게 얻을 수 없는 자산이며, 성장과 발전의 측면에서 좋은 에너지를 준다고 생각합니다.

또한 문학과 의학은 인간에 대한 깊은 이해를 바탕으로 몸과 마음의 아픔을 돕는다는 점에서 굉장히 닮아있다고 생각합니다. 이런 공통점을 가진 문학과 의학이 만난다면, 우리의 건강과 안녕에 있어 그 시너지는 더욱 극대화될 것입니다.

저 역시 제41대 대한의사협회 회장으로 취임한 이후, 글과 말을 통해 저의 생각, 그리고 대한의사협회의 입장을 전달하면서 소통의 핵심 도구로써 말과 글에 대한 중요성을 다시 한번 느끼고 있습니다.

모두 공감하시겠지만, 의료계 역시 그리고 정부와 여야 정치권, 국회와의 진정성 있는 소통과 협력이 필수적입니다. 대한의사협회는 14만 의사 회원들이 안전하고 소신껏 진료할 수 있는 환경을 구축하기 위해 의협의 역량을 보다 강화하고,

주도적으로 보건의료정책을 선도할 수 있도록 최선의 노력을 기울이고 있습니다.

지금 의료계에는 의대정원 문제, 위기에 처한 필수의료 살리기, 의료인 면허 결격사유 확대법, 실손보험 청구간소화법, 비대면진료 등 회원분들의 권익과 관련된 많은 의료현안들이 있습니다.

이러한 현안들에 대해서는 의료계와 정부 및 정치권의 생각이 다르더라도 인내심을 가지고 꾸준한 소통과 설득을 해나가며, 보건의료전문가로서의 대안을 제시하겠습니다. 이를 통해 회원 여러분들의 실익을 극대화하고, 국민과 의료계, 정부 모두가 상생할 수 있는 건강한 의료환경을 조성해 나가겠습니다.

아울러 정치적 역량을 강화해 대한민국 보건의료정책을 주도해나가는 의협, 국민의 존경과 사랑을 받는 의협, 회원권익보호를 최우선으로 하는 의협이 되기 위해 최선을 다하겠습니다.

끝으로 다시 한번 〈박달회〉의 50주년을 축하드리며, 박달회의 무궁한 발전과 회원 여러분의 건강을 기원합니다.

감사합니다.

축사

〈박달회〉의 역사가 지난 50년을 넘어 앞으로의 50년으로 이어지기를

박명하
서울시의사회 회장

존경하는 〈박달회〉 회원 여러분! 서울특별시의사회장 박명하 인사드립니다. 의사수필동인 〈박달회〉의 창립 50주년을 진심으로 축하드립니다.

1973년 4월 3일, 의사일 뿐만 아니라 당대의 문장가로 이름이 높던 15분의 회원이 모여 결성한 〈박달회〉는 故 최신해 박사님이 모임명을 명명하실 때 제안했던 '박달나무처럼 단단하게, 또 오래오래 함께하자'라는 의미를 살려 지금까지 꾸준하게 활동하며 전통을 이어 오고 있어 의료계 후배들에게 귀감이 되어 주신 점에 감사드립니다.

또한 매년 발간하시는 수필집을 통해 과거부터 현재까지 반세기 동안 변화하는 의사로서의 삶과 희로애락을 느낄 수 있고,

진료실을 벗어나서 누군가의 부모, 자녀, 친구라는 이름으로 겪었던 경험과 감정을 표현한 글을 통해 살아왔던 여정을 잠시 엿볼 수 있다는 점이 큰 매력으로 다가오는 것 같습니다.

〈박달회〉의 50번째 생일을 축하하기 위한 기념행사와 50번째 수필집 발간을 위하여 지난 1년간 많은 준비를 해주셨을 김숙희 회장님과 〈박달회〉 임원 여러분들의 노고에 감사 인사를 드리며, 수필집에 담아 주신 저자님들의 이야기에 저도 푹 빠져 즐겨보도록 하겠습니다.

지난 50년뿐만 아니라 앞으로의 50년에서도 박달회가 의사 회원들의 문학적 감성을 깨워주는 역할을 넘어 과거와 현재를 이어주는 매개가 되어 꾸준한 활동을 펼쳐주시길 부탁드리겠습니다.

다시 한번 〈박달회〉 창립 50주년 및 50번째 수필집 발간을 진심으로 축하드리며, 항상 평안과 행복이 가득하시길 기원하겠습니다. 감사합니다.

축사

〈박달회〉의 글이 다음 세대들에게도 공감될 것이라 확신합니다

백현욱
한국여자의사회 회장

안녕하십니까?

한국여자의사회장 백현욱입니다.

〈박달회〉 창립 50주년을 축하드립니다.

반백년이라는 세월 동안 의사수필동인 〈박달회〉 활동이 단순히 맥을 이어 온 것만이 아니고, 한 해도 거르지 않고 수필집을 출간하여 온 발자취가 놀랍습니다. 이번 축사를 쓰며 〈박달회〉의 '박달'이 과거 어릴 때 노상 사용하던 박달나무 빨래 방망이와 홍두깨의 '박달'은 아니겠지 하며 명명 동기를 찾아보았습니다. 그런데 바로 그 '박달'이며 단군의 상징이라니, 단순 의사수필동인이 아닌 민족수필동인의 의미가 〈박달회〉에 묵직한 무게감을 부여하고 꾸준한 활동의 원동력이 되지 않았을까 합니다.

책을 읽는다는 것은 시간과 공간을 뛰어넘어, 타인의 경험과 사고를 공유하는 기쁨이 내재되어 있습니다. 글쓰기는 한걸음 더 나아가 단어와 문장을 엮어 나의 생각을, 나의 삶을 타인에게 보여 주는 작업입니다.

〈박달회〉 수필집은 1973년도 당대의 쟁쟁한 문장가이자 의사였던 최신해 박사님을 포함한 15분의 창립회원부터 시작하여 50년간 대를 이은 여러 선배님들이, 진솔한 문장으로 엮어낸 그분들의 생각과 삶을 들여다보는 기회를 후학들에게 마련하여 주었습니다.

앞으로 창립 100주년 혹은 200주년, 아니 그 이상까지 박달회가 이어지며, 그동안 게재된 글들을 다음 세대의 의사 후배들이 초롱한 눈으로 읽고 배우며 공감하리라 확신합니다.

다시 한번 창립 50주년을 축하드립니다. 감사합니다.

축사

〈박달회〉 창립 50주년을 축하합니다

정지태
수석회 회장

　수필문학동인 〈박달회〉가 창립 50주년을 맞이하게 됨을 진심으로 축하합니다. 1973년 10월 발족하여 의료계의 인문 정신을 이끌어 오신 수필문학동인 〈박달회〉의 끊임없는 성장에 박수 드립니다.
　요즘 새로운 세대는 많이 변하였습니다. 그들의 생각도 바뀌고, 유행도 바뀌고, 선호하는 것도 바뀌고, 소통하는 방식도 바뀌었습니다. 그래서 오래된 모임에 젊은 사람을 영입하기가 많이 힘들어 모임이 50년 60년 지속되는 일이 매우 어려워지고 있습니다. 그것은 수석회도 마찬가지로 비슷한 어려움을 겪고 있습니다.
　젊은 사람을 영입한 후 모임이 확장되기보다는 서로 다른 생각과 문화로 서먹해지는 일도 있습니다. 이런 가운데 50년을 끈질기게 유지하고 있는 박달회에 박수를 보내지 않을 수 없습니다.

의료계의 선후배로 모인 모임이라도 정치 문제, 종교 문제가 나오면 좋은 분위기로 가기 힘든 일도 있고 해서 가능한 이런 문제를 건드리지 않다 보니 대화가 빈곤해지기도 합니다. 심지어는 의료 현안에 대한 문제도 서로 입장을 달리하기도 합니다.

문학이라는 예술을 주제로 만났으니, 각종 예술의 이야기를 하면 좋을 듯하지만, 바쁜 의사들의 생활이 폭넓은 예술에 대한 안목을 넓히기도 만만치 않은 일입니다.

〈박달회〉는 창립 초기부터 다양한 문학 활동을 통해 의사들의 의학적 소양과 인문학적 감성을 함양하기 위해 노력해 왔습니다. 매년 정기적으로 수필집을 발간하고, 문학 강좌와 시 낭송회 등을 개최하여 의사들의 문학적 역량을 키우는 데 앞장섰습니다. 또한, 의학과 문학의 만남을 통해 의학의 사회적 가치를 높이고, 의사의 역할을 재조명하는 데도 힘써 왔습니다.

〈박달회〉 회원 여러분은 환자를 대하는 따뜻한 마음과 세상을 바라보는 깊은 통찰력을 바탕으로, 많은 수필을 발표해 왔습니다. 여러분의 수필은 우리 사회에 따뜻한 감동을 주었고, 공감을 불러일으켜서, 의사 문학 발전에 크게 기여했습니다. 이제 100년을 향하여 힘차게 나아가시기를 바랍니다.

〈박달회〉의 50주년을 다시 한번 진심으로 축하합니다.

축사

널리 사물에 통달하다
―〈박달회〉 50주년에 부쳐

김연종
한국의사시인회 회장

오래전 책 한 권이 내 손에 들어왔습니다. 경위는 잊었지만 책 속의 한 구절만은 아직도 경구처럼 마음에 새기고 있습니다.

'나는 모든 글 가운데서 피로 쓴 것만을 사랑한다. 피로 써라. 그러면 그대는 피가 곧 정신임을 알게 되리라.' - 니체.

비슷한 시기에 또 한 권의 책을 만났습니다. 활자에 목말라 있던 수련의 시절이었습니다. 학회 책상에 한 권씩 놓여 있던, '박달회'라는 생소한 문구가 적힌 두툼한 책이었습니다. 목차를 보고 필자가 모두 의사라는 사실에 더욱 놀랐습니다. 예사롭지 않은 작품을 단숨에 읽고, 바쁜 시간을 쪼개서라도 글을 써야겠다고 다짐했던 기억이 생생합니다.

그리고 꽤 많은 세월이 흘렀습니다. 박달회는 한 해도 거르지 않고 수필집을 냈고, 문학에 관심이 많은 의사와 의학에 관심 있는 문인들에게 든든하고 단단한 이정표가 되어주었습니다. 여러 매체를 통해 〈박달회〉 회원들의 글을 접한 나 역시 꾸준히 책을 읽고 쉬지 않고 글을 썼습니다.

나의 텍스트는
피와 살과 뼈로만 기록되어 있다
도제 시스템으로 단련되어
전염력이 매우 강하다
　　　－「호모 메디쿠스」, 부분

　의사들은 도제식으로 의학을 전수 하기에 선배들의 영향력이 막강합니다. 의료계의 대표적인 의사수필동인회로 꼽히는 〈박달회〉는, 박달(博達)이라는 명칭에 걸맞게 의료계의 문화적 역량을 향상하고 후배 의사들에게 영감과 위로를 주었습니다. 그동안 〈박달회〉가 의료계에 미친 영향은 어마어마할 것입니다. 당사자들의 감회는 형언하기 힘들 테지만, 이를 지켜보는 후배 의사들 역시 부럽기는 마찬가지입니다.

　의사 작가들의 글은 치열한 삶의 현장에 바탕을 두고 있습니다. 나의 고통이 타인에게 전해지는 방법론으로서의 문학은 많은 질병과 더불어 표현의 극대화를 이루게 됩니다. 고통과 질병의 문학적인 전달력은 그래서 더 많은 사람에게 공감의 기회를 제공하게 될 것입니다. 타자에 대한 예리한 관찰로부터 출발하는 글쓰기는, 환자를 대하면서 얻은 경험과 인문학적 관점으로 인간을 이해하려는 시선이 부드럽게 조화되어 한 작품 한 작품으로 피어나지 않았을까요. 삶과 죽음, 환희와 절망이 교차하는 의료 현장이야말로 진정한 문학의 현장일 테니까.

이제 〈박달회〉 50주년을 맞았습니다. 의사수필문학동인 〈박달회〉는 1973년 발족한 이후 한해도 거르지 않고 수필집을 상재해 어느덧 오십 성상을 이룩하였습니다. 이번 작품집에서도 깊은 공감과 위로를 줄 것이라 기대합니다.

지금까지 50년이 그랬듯이 앞으로의 50년을 향해, 〈박달회〉는 널리 사물에 통달하여 더 독창적이고 다양한 문학적 활동을 펼치며, 지속적인 성장과 발전을 이루기를 기원합니다.

의사수필동인 박달, **現**

유형준

profile

약 력 | 수필가, 시인(필명 유담). 서울의대 및 동대학원(의학박사), 서울대학병원 내분비내과(내과전문의), 한림의대 내과 및 의료인문학 교수, 한국의사시인회 초대회장, 문학청춘작가회장, 문학청춘작가회 동인상 수상

현 재 | CM병원 내분비내과장, 의학과 문학 접경연구소장, 함춘문예회장, 한국의사수필가협회장, 쉼표문학 고문

저 서 | 시집 『두근거리는 지금』, 『가라앉지 못한 말들』
산문집 『늙음 오디세이아』, 『의학에서 문학의 샘을 찾다』(2023년 출판콘텐츠 창작지원사업 선정작)

이메일 | hjoonyoo@gmail.com

두물머리 느티나무

"내일 방한화 신고 오세요. 내의도 물론 두 겹으로 입으시는 게 좋습니다."

차분한 문 작가의 엊저녁 조언에 틈새 없이 온몸을 꽁꽁 싸매고, 새벽 물안개 사진 촬영을 위해 출사하는 사진작가들을 따라 경기도 양평군의 두물머리로 향한다.

안갯속 강가는 온통 수묵(水墨)에 잠겨 있다. 강변에 비낀 산들이 숨죽여 엎드려 있고, 잔뜩 웅크린 나무들의 가지 끝마다 세한(歲寒)이 매섭다.

미명의 끝 무렵, 강물 위로 안개가 짙게 번져 오르자, 강줄기를 따라 안개 병풍이 아득하게 펼쳐진다. 뒤로 보이던 산과 사물들이 병풍에 가려지며, 느티나무에 마치 초점을 맞추기라도 한 듯 나무의 모양새가 더욱 뚜렷하다. 눈설레를 알몸으로 견디며 허공을 젓는 우듬지부터, 숫눈에 덮여가는 밑동까지 옮겨지던 시선에 얼핏 추억이 스쳐 간다. 눈 덮인 땅 위를 뒹굴며 헤엄치던 어린 시절, 얽히고설키는 세상이 갑갑해 꽁꽁 얼어붙은 거리에 알몸으로 뛰쳐나가던 젊은 날의 절정.

"내 철부지 유년 / 공중부터 내리그어져 / 저 흙 속으로 자맥질한다 // 갈래와 갈피가 얽히고설켜 / 알몸으로 부둥키며 / 섞이길 갈망하며 / 서로의 말초를 탐해 / 절정으로 치달을 때 // 번개 치고 우레 쏟는 일 그러하듯이 / 얼마나 더 먼 거리를 / 섬뜩하게 몰아쳐야 / 허공이 될까 // 어쩔 수 없이 또다시 / 흔들리는 점이 보이는가 / 흔들리는 점을 쳐다볼 수 있는가 // 겨울 종착역, 그 끝점에 서서"

— 유담, 「겨울나무 가지 끝」

"유 박사님!"

순간 잠겼던 상념을 떨치고, 문 작가의 부름에 번쩍 깨어난다.

"예!"

어스름 동녘 하늘에 동살이 잡히기 시작하고 있다. 인물 사진을 찍기에 알맞은 시간대다.

"저기 느티나무 앞에 서 보세요."

풍경을 완성하는 건 바로 사람이어서 산수 정경엔 인기척이 담겨야 더 좋단다. 자세를 바꾸어가며 사진을 찍고 돌아서서 나무를 쳐다보니 한 그루가 아니다. 추위에 마지막 잎사귀까지 다 털어내고 드러낸 가지가 서로 맞닿은 부분에는 엉킴이 없다. 접하는 면이 얼핏 보기엔 서로 무너진 듯, 또는 양쪽을 잘라내어 합쳐 놓은 듯하여, 한발 물러서서 보면 한 그루로 보인다.

물가에서 가까운 작은 나무는 강 쪽으로만 가지를 뻗어 큰 나무쪽은 아예 넘보지 않고 있다. 강가에서 좀 더 떨어져 있는 큰 나무도 마찬가지다. 더 굵고 더 강한 줄기와 가지로 작은 쪽을 억눌러 허공을 마음껏 차지할 수 있을 것 같은데도, 사백 년 지나도록 작은 쪽으로 뻗은 팔을 굽히고, 움켜쥐었던 주먹도 풀고 있다. 외려 작은 나무의 가슴까지 끌어안고 볼을 비벼대는 듯한 뭉치로 보인다.

그러나 세상 만물이 서로 가까이 있다고 모두 쉬이 뭉쳐지진 않는다. 억지로 뭉치게 하려 해도 뭉쳐지지 않는 게 적지 않다. 뭉쳤다가 흩어지는 경우도 의외로 많다. 사람과 사람 사이에선 뭉치기가 더 만만치 않아 헤어지는 걸 흔히 본다. 굳이 사람과 사람 사이를 들지 않더라도, 내 속의 나와 나는 얼마나 툭탁거리는가라는 생각에 자아충돌이란 단어를 떠올리는 순간, 추위를 무릅쓰고 여러 각도로 촬영하고 있는 작가의 시선이 궁금해진다.

"저렇게 여러 그루가 무리져 있을 때, 어디에 초점을 둡니까?"

유형준

계속 나무에 시선을 고정한 채 셔터를 누르던 검지를 잠시 세우고 답을 한다.

"시선 집중 포인트는 대개 촬영자와 가장 가까운 쪽입니다. 하지만 초점보다 중요한 건 흔들리지 않는 균형입니다."

대상의 가장 앞쪽에 초점을 두어야 전체를 다 볼 수 있지만, 강조할 포인트를 제대로 짚어 영상화할 수 있으려면 치우침 없는 고른 시각에 더 비중을 두어야 한다는 설명이다.

육신은 각기 다른 모양의 장기 기관들이 제 할 일을 하며 모여 있고, 마음속엔 잠시도 고요할 틈 없이 만 가지 갈래와 갈피의 심사가 흔들리고 있다. 온갖 희로애락이 한날한시에 한소끔 끓을 때도 있고, 줄지어 이어지면서 간단없이 끓기도 한다. 모임체도 마찬가지다. 삼림을 이루는 큰 조직이든, 몇 그루 조촐한 단체든, 우환과 안락 어느 한쪽의 형국만 넘치는 곳은 없다. 어느 시기이든 희비의 가장 앞부분에 쏠림 없는 시선을 모아야 한다. 그래야 전체가 보이고, 어디를 비워야 할지, 얼마나 내어주어야 마땅한지, 한눈에 들어온다. 균형 잡힌 시각으로 살펴야, 비우기 위해 내어주기 위해, 어쩌면 분출 직전의 용암처럼 들끓었을 갈등도 고스란히 보인다. 그렇게 다듬고 추슬러야, 몸이 내는 행동이든 그 행동의 속내평이든, 한 그루 개인으로 개성이 활짝 드러나고, 목표를 이루려고 노력하는 단체의 초심이 만발한다. 조화와 갈등이 적절히 섞여야 솔직한 조화이기 때문이다.

수백 년 긴 노출을 찰나의 영상으로 기억에 담는 지금, 문득 눈이 바람처럼 분다. 바람이 눈으로 뭉쳐 수묵화를 덮는다. 일순 공간의 생김새가 변화한다. 이 새벽, 여전히 느티나무는 맵찬 바람과 눈발에 시달리면서도 하나로 뭉쳐 불꽃 모양으로 허공을 데우고 있다. 그리고 나는 눈발처럼 흩날리는 마음의 갈피 앞에 시선을 두고, 또다시 새벽을 쓰고 있다.

이상구

profile

서울 출생
경희의대, 동대학원 졸업(의학박사)
경희대학병원 신경정신과 전문의 수료(신경정신과 전문의)
한국정신분석학회 정회원
이상구신경정신과 원장(현)
수필가(한국문인협회 정회원)

주 소 | 서울시 영등포구 영등포동 3가 6번지 이상구신경정신과
이메일 | leesg329@hanmail.net

'움벨트'에 의한 우리의 착각

근래 친구나 지인들의 부고를 받고 장례식장에 조문 시 고인(故人)의 연세를 물어보면 80대 후반 혹은 90대가 많은 편이다. 정말로 인생 백 세(百歲)라는 이야기가 실감이 난다. 그래서인지 근래에는 환갑잔치를 한다는 초청장을 거의 받아 보지 못한다. 본인들도 아직은 젊다고 생각하고 건너뛰고 칠순 잔치나 해볼 생각을 하는지 모른다. 그렇기에 요즘에는 노년은 왕성하게 활동하면서 인생을 즐길 수 있는 나이라고 생각한다. 젊은 시절에 가졌던 마음의 부담을 덜어내고 진정으로 자신만을 위한 삶을 살아가는 시기라고 생각한다. 수년 전에 유행가 가사 중에 '내 나이가 어때서? 나이는 숫자에 불과해'라는 멘트가 유행한 적이 있었다. 이 가사가 노년층에 인기가 있었고 필자 또한 친구들 사이에서 농담

삼아 사용도 한다.

　그러나 실제 이런 말을 할 때 인생의 황혼기에서 변화된 자신을 쉽게 받아들이지 못하고 부정하려는 심리도 함께 작용한다. 나이가 들면 일상의 변화에 적응하려고 노력은 하나 따르기 쉽지 않다. 근래에는 은행 업무를 보는 일도, 음식과 커피를 주문하려면 '키오스크'를 할 줄 알아야 가능하다. 보편화되어 있는 휴대폰의 복잡한 기능을 알고 자유자재로 이용하기보다는 단순한 전화기 기능만 사용하는 노년층이 대부분이라는 통계가 있다. 실제 나이가 칠순을 넘으면 몸 상태의 변화를 스스로 느끼게 된다. 구부정한 자세, 시력과 청력의 저하로 인해 잘 보고 듣지도 못한다. 그리고 기억력의 감퇴로 인해 듣고도 쉽게 잊어버린다. 이런 육체적 변화는 노화 현상이니 감수하고 받아들일 수 있으나 더욱 고통스러운 것은 자신이 갖고 있었던 가치관이나 사고관이 변화되어야만 세태에 순응할 수 있다는 것이다.

　그러면 나는 어떠한가? 항시 과학의 첨단지식을 습득하면서 살아가는 의사의 직업은 엄격한 과학적 검증이 필수적으로 필요하다. 그렇기에 새로운 이론을 대하는 자세에 유연성을 보인다. 그리고 새로운 이론이 확증되면 언제든지 받아들이게 된다. 그러나 노년이 되니 새로운 이론을 대할 때마다 두려움이 앞서게 된다. 전문적인 의학지식은 거부감 없이 쉽게 받아들일 수 있으나, 새로운 이론이 타 분야에서 발표되고 그 이론이 내가 갖고 있던 기존의 생각을 송두리째 흔들어버리면 혼돈의 세계에 빠지고 당황하게 된다.

룰루 밀러(Lulu Miller)가 저술한 〈물고기는 존재하지 않는다(Why Fish Don't Exist)〉와 캐럴 계숙 윤이 저술한 〈자연에 이름 붙이기(Naming Nature)〉를 읽어보면 과학적 진실은 인간이 생명의 세계에 질서를 부여하는 고유한 방식인 '움벨트'와는 상충한다는 것을 알 수 있다. 책의 내용을 한마디로 요약하면 우리가 알고 있었던 어류(魚類)는 존재하지 않는다는 것이다. 그 이유는 분기 학자들이 슈퍼컴퓨터를 이용해 물고기들을 연구 관찰한 결과 우리가 알고 있었던 어류(魚類)라는 범주에 모든 물고기를 포함 시킬 수 없다는 결론을 도출해냈기 때문이다. 우리의 '움벨트'로서 분류해왔던 분류가 얼마나 오류가 많았는지를 알 수 있는 다른 예를 들어보면 새들이 공룡이라는 사실, 버섯은 식물처럼 느껴지나 사실은 동물과 훨씬 가깝다는 사실, 박쥐는 날개가 달린 설치류처럼 보이나 사실은 낙타와 훨씬 가깝고, 고래는 실제로 발굽이 있는 동물로 사슴이 속한 과인 '유제류'라는 사실이다. 이런 결론들은 우리가 알고 있던 기존의 관념을 완전히 파괴하고 혼란에 빠트린다.

분류학에 대한 역사적 고찰을 해보면 스웨덴의 생물학자 〈칼 폰 린네〉가 정립한 '계-문-강-목-과-속-종' 체계로 자연을 바라봤던 시각에서 '다윈과 진화론'의 등장으로 우리는 큰 혼란을 겪었다. 다윈의 분류학은 생명의 계통을 기반으로 해야 한다고 주장하면서 생물의 분류는 진화적 관계의 계통과 가지들로 초점이 맞춰야 한다고 말한다. 그러나 '종의 기원'이 출간된 지 100년이 지났고 생물학에서 과학혁명이 일어났음에도 인간의 방식으로 생명체의 이름을 명명하는 분류학에 근본적인 변화는 일어나지 않았다고 저자는 지적한다.

생물학이 발전하면서 '움벨트'는 분류학에서 배제됐다. 과학이 설명하는 세계와 일치하지 않았고 많은 경우 상충했기 때문이다. 근래에는 과학이 승리를 거뒀고 비과학적이고 비진화론적 시각에서 탈출했다. '움벨트'의 폐기는 분류학이 현대적인 과학으로 태어나는 순간으로 기록됐다. 그러나 실제 자연 세계를 분류학자가 설정한 범주대로 분류함이 옳으나 우리는 직관을 갖고 생활하면서 결코 편안함을 진실과 맞바꾸지 않으며 저항하고 있다. 분류학자들은 이미 1980년대 '어류'는 존재하지 않는다는 사실을 알고 있었고 발표를 했으나 우리는 아직도 '어류'는 존재한다고 믿고 있다.

이런 상충된 현상에 대해 우리는 어떤 선택을 하여야 할까?

분류학자들의 의견을 따라 우리의 '움벨트'를 포기하고 그들의 의견을 따라야 하나? 아니면 계속 과거부터 갖고 있던 우리의 직관에 따라 살아가야 하나? 이런 갈등에 빠진 독자들에게 저자는 해결책을 제시한다. 과학 일변도의 시각이 세계에 대한 이해를 훼손할 수 있기에 '움벨트'와 과학적 지식을 조화시켜야 한다고 주장한다. 이 책을 읽으면서 내가 알고 있었던 과학적 지식도 결코 옳은 것만 있는 것이 아니라는 것을 깨닫게 된다. 그러나 이들 중 하나를 선택하여야만 하는 현실에서 과연 내가 어떤 선택을 하여야 할까? 과감히 기존의 잘못된 오류를 버리고 새로운 분류법에 따라 진실을 받아들여야 할까? 아니면 나의 '움벨트'를 계속 작동시켜 비록 오류라 할지라도 변화없는 편안한 정신세계를 유지할 것인가? 이런 갈등이 나를 혼돈의 늪에 빠뜨린다.

곽미영

profile

서울 출생
이화의대, 동대학원 졸업(의학석사)
제일병원 산부인과 전공의 수료(산부인과 전문의)
일본암 부속병원, 미국 시카고의대 산부인과(생식면역학) 연수
대한산부인과의사회 부회장(전)
대한개원의협의회 공보부회장(현)
대한의사협회 의료광고심의위원회 위원(현)
대한검진의학회 자문위원(현)
독서신문 고정칼럼리스트(현)
중앙대학교병원 건강증진센터 부인과(현)

주　소 | 서울시 동작구 흑석로112 중앙대학교병원
이메일 | fmyk21@hanmail.net

왜 그걸 물어봐요?

"언제부터 그런 증상이 시작되셨나요?" 하고 묻자 할머니는 제법 오래되었다고 한다.
"증상이 지속적이었나요? 아니면 간헐적이었나요?"
"혹시 혹이나 무슨 다른 병은 없으신가요?"
"소변은 잘 보시나요?"
할머니는 계속되는 질문에 몇 번 대답하시더니 그다음부터 답을 하는 둥 마는 둥 하시다가 갑자기 나를 빤히 쳐다보신다. 그러더니 "다 알면서 왜 그렇게 묻기만 해? 얼른 약이나 줘!" 하신다. 의사가 다 알아맞혀야지 무얼 그리 꼬치꼬치 질문을 하느냐는 뜻이었다. 초년병 원장이었던 나는 웃음이 나는 한편 어이가 없어 순간 당황했던 기억이 난다.
요즘과는 달리 그때는 의사는 무엇이든 다 알아맞히는 사람이고, 환자는 병원에 오면 무조건 주사를 맞아야 치료가 된다고 생각하던 시절이었다. 지금 생각하면 '설마~' 하겠지만, 오죽했으면 증류수 주사를 놓아주었다는 웃지 못할 사연들을 종종 들을 수 있던 때의 한 에피소드다.

의사인 나는 평생 수많은 질문을 하면서 살아왔다. 환자에게 묻고 답을 듣고, 나 자신에게 묻고 해답을 찾고, 퍼즐을 맞춰가면서 진료실에서의 하루하루가 간다. 특히 산부인과는 기본적으로 묻는 것들이 많다. 결혼 여부부터 시작해 월경에 관해서만도 시작일, 기간, 주기, 패턴, 생리통 유무, 월경량, 초경일, 폐경일 등은 기본이고, 그동안의 산과 이력, 수술 이력, 암검진 결과 등등 첫 방문 환자들은 이것저것 기본적인 질문에다 대답을 하여야 하니 진료 시작 전부터 조금 짜증이 나 있을 수도 있다. 무슨 연유에서인지 환자들은 자신의 산부인과 질환에 대한 인식도가 매우 낮다. 수술을 받았어도 그 이유를 모르거나, 어느 부분을 수술했는지 잘 모르는 경우도 흔히 있고, 혹이 있다고 들은 것도 같은데 그 후 어찌 되었는지 모르겠다는 환자들도 허다하다. 그러다 보니 질문 시간은 더 길어질 수밖에 없다. 그럼에도 불구하고 의사들이 밀린 환자들을 뒤에 두고 시간에 쫓기면서도 환자들에게 여러 가지를 묻는 것은 다 이유가 있어서다. 아픈 환자의 입장에서는 답답할 수도 있겠지만 의사들의 질문에 짜증을 내거나, 거짓으로 답을 하며 '의사,

네가 맞춰봐라~' 한다면 의사들은 난감해지고 진료는 힘들어진다. 이런 경우 나도 모르게 순간 답답함을 못 이기고 질문에 빠져들어 취조를 하듯 묻고 있는 나 자신에 흠칫 놀라는 경우가 있다. 질문에도 기술이 있어야 환자와 의사 모두가 편안히 정확한 진료를 할 수 있다.

'질문'의 뜻을 찾아보니 '알고자 하는 바를 얻기 위해 물음'이라고 되어 있었다. 언뜻 모르는 것을 알고 싶어서 묻는 것만이 아니고, 얻고자 하는 목적이 있어서 하는 물음이란 뜻으로도 해석이 된다. 그리고 보니 질문에는 1)전혀 몰라서 답을 알고자 묻는 질문 2)거의 알면서 확인을 위해 묻는 질문 3)다 알고 하는 질문 등 종류가 적어도 3가지 이상은 될 것 같다. 답보다는 질문을 통해 이차적으로 어떤 목적을 달성하기 위해 묻는 경우도 분명히 있다. 진료 중에 아주 가끔 이미 진단을 다 내려놓고도 모르는 척 생뚱맞은 질문을 할 때가 있다. 사타구니에 멍울이 잡히고 아파서 병원을 찾은 환자에게 "요사이 발이나 다리를 다치신 적이 있죠?"라고 묻는다거나, 아이를 낳지도 않은 무월경 환자에게 "젖이 나오죠?"라는 등 뜬금없어 보이는 질문을 한다. 이런 경우 대부분 환자는 "어머나 교수님~ 진짜 그래요", "어떻게 아세요?" 하면서 감탄 반 놀라움 반의 모습을 보이게 되고, 나는 빙그레 혼자 미소를 지으며 목에 힘을 준다. 질문 하나로 환자의 칭찬은 물론 부드러워진 진료실 분위기

곽미영 55

속에 진료의 피로도 풀고, 슬쩍 명의도 되어보려는 나만의 계산된 '질문놀이'를 한 것이다. 내용을 아는 의사들 눈에는 환자들의 반응은 당연해 보이겠지만, 그 순간 환자는 족집게 의사에 대한 믿음이 생기고, 의사는 웃음과 잠깐의 기분전환을 즐길 뿐만 아니라, 덕분에 환자와의 돈독한 라포 형성으로 앞으로의 치료에 도움이 될 수 있는 일석 삼조의 목적을 달성하는 효과가 있다.

진료실 밖의 '삶'도 질문의 연속이긴 마찬가지다. 혹자는 '사느냐 죽느냐'와 같은 절박한 질문을 하고 그 답을 찾아 평생을 헤매겠지만, 당장 점심으로 시원한 냉면을 먹을 것인지, 뜨끈한 잔치국수를 먹을 것인지와 같이 소소한 질문들이 연속적으로 이어지고, 순간순간 어떠한 질문을 하고 어떤 답을 얻는지, 또 어떠한 질문을 받고 어떤 선택을 하는지가 모이고 쌓이면서 인생이 만들어지고 있다고 해도 과언은 아닐 듯싶다.

그런데 말이다. 얼마 전 초등학교 2학년을 시작한 미국 사는 손녀와 통화를 하게 되었다. 내가 "새 학년이 시작되었는데 담임 선생님은 어떠셔? 친구들은 좋아?" 하고 묻자 "네~" 하고 답을 하길래, "새 친구는 이름이 뭐니? 여자 친구? 남자친구도 있니?" 하며 손녀와 도란도란 대화를 나눌 생각에 계속 질문을 이어가려는데, 손녀는 대답은 안 하고 갑자기 색연필 선물을 보내달라는 이야기만 했다. 난 새 학교에 잘 적응하고 있는지,

혹시 차별을 받지나 않는지, 노파심에 다시 같은 질문을 두세 번 더하게 되었고, 결국 손녀의 대답을 듣게 되었다.

"할머니~ 자꾸 왜 그걸 물어봐요?"

"그 답을 꼭 해야 하나요? 답하기 싫은데……" 한다.

어린 줄만 알았던 손녀가 벌써 이리 커버렸나 싶으며 순간 움찔했다. '맞다!' 질문에 반드시 답을 할 필요는 없는 것이다.

질문과 대답이 연속인 '삶' 속에서 더 좋은 답을 찾고자 더 많은 질문을 하면서 다양한 인생을 바쁘게 살게 되겠지만, 긴 인생길에서 '질문하기', '답하기'에 강박적으로 얽매이지 않고 질문에 반드시 다 답을 하지 않아도 된다는 것을 깨닫는다면 조금은 더 여유롭고 성숙된 삶이 되지 않겠는가. 코앞의 답만 찾아 발끝만 보고 걷다 보면 저만치 보이는 아름다운 풍경들을 놓치고 만다. 한 번쯤 냉면을 먹은들, 잔치국수를 먹은들, 아니 한 끼를 굶은들, 무슨 큰 차이가 있겠는가?

곽미영

정준기

profile

충청남도 예산 출생
서울대학교 의과대학 핵의학교실 명예교수
서울대학교병원 함춘문학회 회장 역임
서울대학교병원 의학역사문화원 원장 역임

수필집 | 『젊은 히포크라테스를 위하여』, 『소중한 일상 속 한줄기 위안』
『참 좋은 인연』, 『의학의 창에서 바라본 세상』
『33년의 연가』, 『이 세상에 오직 하나』
이메일 | jkchung@snu.ac.kr

복숭아꽃 구경

우리 부부는 올 4월에 친구 부부와 함께 일본 나고야 시 근교 산촌에서 온천을 즐기고 복숭아꽃도 구경하는 여행을 다녀왔다. 나는 70년 세월을 살면서 꽃 놀이를 다녀본 적이 한 번도 없다. 자연의 멋을 즐기는 소양이나 관심이 부족하기도 하지만, 삶이 그렇게 한가하지 않다는 평소의 생각 때문이었다. 계절에 맞춰 TV나 라디오에서 이런 보도를 하면 여가 시간이 많은 팔자 좋은 사람들의 일이라고 여겼다. 솔직히 말해 내가 이런 분보다는 더 열심히 살고 있다는 자부심도 있었다.

친구가 이번 여행을 권할 때 마침 시간 여유가 있었다. 정년퇴임을 한 지 5년이 지났으나 여전히 번잡하게 지낸 온 세월에 대한 반성도 하고 있던 참이었다. 여기에 일본식 온천을 선호하는 집사람의 의견에 무릉도원(武陵桃源) 옛이야기에 관한 나의 호기심이 작동해 여행을 떠났다. 아침에 집을 나와 인천공항에 가서 나고야를 거쳐 버스로 온천 정류장에 도착하니 이미 깜깜한 저녁이 되었다. 마중 나온 여관 SUV를 타고 15분간 산속 도로를 달려 호텔에 도착했다. 아이치현에 속하는 이곳은 산림 지역이고 온천도 생각보다 규모가 작아 사람이 적어 맑은 공기가 상쾌하였다.

다음날 아침 버스로 256번 국도를 올라갔다. 자동차는 깊은 계곡을 내려다보며 산을 돌아 경관이 제법 좋았다. 이곳은 혼슈 중부 높은 산악지대로 겨울에 눈이 많이 내려 설국으로도 유명하다. 올 4월은 유난히 따뜻해 복숭아꽃 개화가 다소 빠르다고 한다. 그러나 염려하지 않아도 된다. 두 곳으로 나누어 있는 꽃 단지는 이곳 지형에서 생긴 온도 차이로 개화시기가 서로 달라서 한동안은 꽃을 즐길 수가 있단다.

버스에서 내려 작은 언덕을 넘으니 갑자기 계곡 옆에 가득한 꽃 천지가 나타난다. 여기 복숭아나무는 우리가 보던 것과는 사뭇 다르다. 우리는 결실을 위해 가지치기를 하여 작은 키에 가지에만 듬성듬성 꽃이 있는 데, 이곳 나무는 제법 크고 꽃잎이 많아 만발하면 마치 뭉게구름같이 풍성하게 보인다. 과일은 옅고 부드러운 분홍빛을 띠지만, 꽃은 흰색과 진한 분홍색 사이 스펙트럼에서 찾을 수 있는 다양한 색채를 띠고 있다. 온통 흰색이나 진홍색으로 치장한 나무도 있으나, 자세히 보면 같은 나뭇가지에서 두 가지 색이 함께 피어 있는 변종이 가장 많다. 심지어는 한 개 꽃잎에도 흰색과 진홍색이 다양한 모양으로 섞여 있어 이 세상에 정말 똑같은 나무는 없는 셈이다. 우주에서 존재하는 가장 작은 입자 수준에서도 이토록 끊임없이 변화를 시도하고 있는 조물주의 의도(?)에 감탄을 넘어 경건함까지 느껴졌다.

이곳 주민들은 큰 개천을 따라 꽃나무 길을 조성하면서 색상의 조화까지도 염두에 둔 것 같다. 또, 개천 가장자리 둔덕을 높이고 상춘객이 걷는 길을 만들어 아래에 심은 나뭇가지와 꽃잎을 눈 높이에서 즐길 수 있게 하는 섬세함도 있었다. 나는 벤치에 앉아 자연과 인간이 같이 만드는 복숭아꽃의 다양한 조합을 즐기면서 도연명이 노래한 무릉도원을 상상해 보았다.

이곳 복숭아꽃 역사는 백 년이 넘었다. 지역 전기 발전소 사장이 1922년, 독일에서 열린 딸 결혼식에 참석했다가 선 분홍색의 복숭아꽃에 반해 3그루 모종을 구입해 회사 구내에 심었다. 1948년부터 256번 국도를 따라 옮겨 심고 지역 사업으로 추진해 총 3,500 그루가 되었다. 2002년 〈복숭아꽃 길 조성 위원회〉가 설립되어 온천 지역과 4 km에 달하는 도로 가에 각각 5,000주가 있는 복숭아꽃 단지를 만들었다. 마침내 2005년에 〈복숭아꽃 축제〉을 개최하기 시작해 최근의 코로나 팬데믹 사태에서도 년 20만 명의 관광객이 찾아 온단다.

예부터 우리 조상들은 봄꽃 놀이를 즐겨왔다. 춥고 배고파 웅크리고 지내던 겨울이 물러가고 따뜻한 봄이 오면 마음과 몸에 저절로 활기가 생기기 마련이다. 때맞춰 피어나는 꽃들은 생명과 사랑의 상징으로 제격이어서 아름다운 자태와 깊은 향기를 사람들은 찬양해 왔다. 그러나 봄꽃이 다른 계절의 꽃을 비교해 볼 때 유난히 더 아름답다고 할 수 있을까? 그렇지 않다. 이른 봄꽃에서 몸과 마음이 느끼는 것은 단순히 아름다운 모양과 색깔 때문이 아니라 온몸으로 함께 들어오는 감각, 즉 따뜻하고 부드러운 햇빛, 산속의 향기로운 봄 내음, 시원하게 흐르는 계곡의 물소리, 어린 나뭇잎의 순 녹색이 주는 신선함 등등이 서로 반응해 마음이 유쾌 해지고 꽃도 아름다운 것이다.

이 여행기를 쓰며 생각하니 꽃 구경은 한가한 사람들만 하는 것이 아니겠다. 진선미를 추구하여 자아를 확대하는 인성교육에서 미적 감성의 양성은 필수적이고 꽃구경을 하면서 즐겁고 쉽게 얻을 수 있기 때문이다. 사람들이 때를 맞춰 꽃구경을 하고 자연을 즐기는 이유를 이제야 알 것 같다.

우리 일생은 결과보다도 살아가는 과정이 더 중요하다는 격언이 있다. 이런 관점에서 보면 주민들이 한 세기에 걸쳐 유토피아를 꿈꾸며 꾸준하게 계획하고 협력하여 성공적으로 결실을 맺는 상황 자체가 이미 이상향(理想鄕)인 것이다. 이번 여행이 나에게 일깨워준 또 다른 삶의 지혜이다.

김숙희

profile

서울 출생
고려의대, 동대학원 졸업(의학박사)
고려대학병원 산부인과 전공의 수료(산부인과 전문의)
의사평론가
에세이스트 신인상(수필가)
서울특별시의사회장(전)
대한의사협회 의료광고심의위원회 위원장(현)
서울중앙의료의원 부원장 산부인과 전문의(현)

저 서 | 『풍경이 있는 진료실 이야기』 외 다수
주 소 | 서울시 중구 소공로 70 POST TOWER 서울중앙의료의원
이메일 | charmdoctor@daum.net

내 나이 50세는 찬란했다

산부인과 의사로서 다양한 연령의 여성을 진료하면서 느끼지만 여자 나이 50세 전후는 신체적으로 심리적으로 변화가 오는 시기이다. 나도 50세를 전후로 젊음이라는 막강한 권력을 내려놓아야 했다. 비록 짧게 지나가기는 했지만 늙어간다는 것을 받아들이며 반백년이라는 세월의 무게를 감당하고 있었다. 쉰 살은 쉬기 시작하는 시기라서 영양제를 먹기 시작하는 나이라고도 했다. 공자는 지천명, 즉 하늘의 뜻을 알았다고 했다. 운명을 거스르기에는 너무 늦은 나이라는 것일까. 나의 쉰 살은 삶의 쉼표와 함께 노년의 여유와 자유를 꿈꾸는 열망의 시기였다.

마침 산부인과 의원을 개원한지 13년이 된 해에 50세가 되었고 그 시기에 개원의로서 내 미래를 위한 선택을 해야 했다. 의원을 병원 규모로 키울지 아니면 분만과 입원실을 포기하고 외래 위주로 전환할지 고민을 하던 때였다. 아무튼 변화해야 한다는 조급함 속에서도 바쁜 하루하루 때문인지 신체적인 격동의 시기를 수월하게 넘긴 것 같기도 하다. 산부인과 개원가의 미래나 주변의 권고 등을 참고하여 외래 위주로 진료실을 유지하기로 결정했다. 성공한 산부인과 의사라는 명예를 포기하고 편안함과 실속을 택했던 것이다. 그 당시 병원 확장을 안 한 것이 잘한 건지, 너무 소심했던 것인지 지금도 확신이 서지는 않는다. 안 가본 길에 대한 미련이 없는 것은 아니지만 그 시기를 전후로 내게는 많은 변화가 펼쳐졌다.

쉰이라는 나이를 넘기면서 집과 진료실에 한정되었던 나의 활동 영역은 확장하기 시작했다. 30대부터 관여하던 여자의사회는 물론 전공인 산부인과 관련 단체, 다양한 의사 단체에 관여하게 되었다. 의약분업을 시작으로 불합리한 의료제도를 개선하기 위해 적극적으로 참여하면서 의사회의 중추적인 역할을 하기 시작했다. 의사단체뿐 아니라 다양한 봉사단체, 장학사업, 저술 활동, 사회 참여활동, 교회 활동 등 우물 속에 있다가 날개를 달고 세상에 나온 기분이었다. 의사수필동인 박달회에 참여하기 시작한 것도 그때부터였다. 진료가 바쁘다 보니 벌고 쓰고 남으면 저축하는 것이 고작이었는데 자산 관리에도 관심을 갖고 주식, 펀드, 부동산, 연금 등 다양한 투자도 하게 되었다. 분만을 안 하니 진료실은 어느 정도 한가해졌지만 내 일상은 더욱 바쁘게 돌아갔다.

50세에 시작된 다양한 활동은 100세를 살아가시는 김형석 교수가 언급하신 인생의 황금기라는 60세~75세의 중반기를 넘어가면서도 지속되었다. 50세 전부터도 내가 추구해온 삶은 항상 변화하는 삶이었다. 집과 진료실이라는 규칙적인 내 일상을 의식적으로 깨트리려는 노력이었다. 변화하지 않으면 도태될 것 같고, 나태해지는 것 같았다. 항상 호기심을 갖고 새로운 뭔가를 추구해야지만 삶에 의미가 있다고 생각했다. 날개를 달고 찬란하게 시작한 50세 이후의 삶은 하루하루가 발전해야 한다는 강박의 시기이기도 했다. 그러나 언제까지나 건강할 것 같은 내 몸은 때로는 갑자기, 때로는 서서히 늙어 가고 있었다. 마음은 청춘인데 몸은 노년이라는 말이 실감되었다.

인생의 황금기가 다 지나기 전에 새로운 좌우명이 필요했다. 젊음과 건강과 매력이라는 막대한 권력을 잃어가면서 자제가 필요함을 느끼게 되었다. 과한 욕심, 과한 자신감, 과한 활동을 줄이고 적당함과 느림이 필요했다. 내 나이에 맞는 삶을 위해 새로운 좌우명을 만들어야 했다. '지금 안 먹으면 나중에는 못 먹는다. 지금 안 하면 나중에는 못한다. 지금 안 쓰면 나중에는 빼앗긴다. 속도는 좀 줄이자' 이것이 새로운 좌우명이다. 사용을 안 하면 위축된다는 말을 되새기면서 먹기가 싫고 입맛이 없어도 시간이 되면 먹어야 위장의 위축이 안 올 것이다. 하고 싶은 것 할 수 있는 것을 미루지 말고 지금 해야 한다. 내년에는 더 힘들고 후년에는 못할지도 모른다. 가고 싶은 여행지가 있으면 지금 준비하고 떠나야 한다. 부동산에 있는 돈, 은행에 있는 돈은 내 돈이 아니다. 지금 내가 쓰는 돈이 내 돈이다. 그리고 더욱 중요한 것은 속도를 줄이는 것이다. 너무 빨리 달려왔다. 이제 천천히 걸어가는 것이다.

찬란한 나이 50을 넘어서 정말 황금 같은 인생의 절정기를 지나고 있다. 나는 주변 사람들과 같이 행복을 나누면서 아직은 호기심 많은 노인이 되려 한다. 50세를 전후로 새롭고 빛나는 삶이 전개되었어도 그 나이로 돌아가라고 하면 그건 또 생각해 봐야 할 문제이다. 그냥 한번 산 것으로 족하다 싶기 때문이다. 시간은 빠르게 지나고 내 삶의 속도가 느려지기는 하지만 지금이 평온하다. 나의 빛은 퇴색해도 주변의 찬란한 빛을 즐기는 것도 나쁘지 않기 때문이다.

박문일

profile

서울 출생
한양의대, 동대학원 졸업(의학박사)
한양대학교병원 산부인과 전문의 수료(산부인과 전문의)
한양대학교 의과대학 학장, 의학전문대학원 원장 역임
한국모자보건학회 회장, 이사장 역임
대한태교연구회 회장(현)
동탄제일병원장(현)

저　서 | 『베이비플랜』, 『해피버스플랜』, 『감성뇌태교동화』 외 다수
주　소 | 경기도 화성시 석우동 42-1 동탄제일병원 자궁경부무력증센터
까　페 | cafe.naver.com/babyplan119

낳은 情 기른 情

대학병원 재직 시절이었던 1998년, 필자에게 큰 임무가 떨어졌다. 교실 창립 25주년을 기념하여 '25年史'를 제작해야 하는데, 당연히 그 책임은 막내 교수였던 내 차지였던 것이다. 하여 그해 연초부터 3개월 동안 전공의 몇 명과 함께 매달려 남부끄럽지 않은 책을 펴낸 기억이 있다. 이름하여 〈산부인과학교실 25년사〉였다.

그로부터 다시 25년이 지난 올해, 교실에서 '50年史'를 펴내기를 기대하였으나 아직 교실에서는 소식이 없다. 하기야 산부인과 전공의가 모두 합해 세 명이고 여섯 명뿐인 교수들도 번갈아 당직을 해야 하는 열악한 최근의 대학병원 산부인과 근무환경을 고려하면 기대하기 힘든 일일 것 같다. 필자 재직 시에는 교수만 10명, 전공의는 20명에 가까웠으니 작금의 산부인과 진료환경과 비교하면 필수의료인 산부인과가 이렇게 무너지나 하는 자괴감이 든다.

아무튼 박달회 창립 50주년을 맞이하여 모든 회원이 글 한 편씩을 쓰기로 하였는데, 필자는 필자가 졸업한 의국 50주년 과도 겹치게 되니 자연스레 과거 25년사에 동문회고담으로 썼던 글 한편이 생각났다. 제목은 '기른 情 낳은 情'이었다. 이 글을 다시 한번 읽으며 엊그제(2023/11/01) 돌아가신 초대 주임교수셨던 송상환 교수님과 20년 전(2003/10/05)에 돌아가신 2대 주임교수였던 김두상 교수님을 자연스레 추억하게 된다. 25년 전에 필자가 썼던 글을 반추하며 두 분 은사님을 기려보려고 한다. 낳은 情은 송상환 교수님이셨고, 기른 情은 김두상 교수님이시다.

- 기른 情 낳은 情- (요약)

교실 창립 25주년을 맞는 오늘, 교실을 회고하다 보면 자연히 역대 주임교수님들과 연관 지어 생각하게 됩니다. 지금까지 다섯 분의 주임교수님 중, 특히 현재 교실을 떠나 계신 두 교수님을 생각할 때면 아직도 가슴 한편에 잔잔한 파문이 일곤 합니다. 그 두 분은 다름 아닌 송상환, 김두상 선생님이십니다. 우리 교실을 창립하시고, 또한 이끌어 주신 송상환, 김두상 두 선생님을 회고할 때마다 저는 불현듯 '기른 情과 낳은 情', 이 단어를 되뇌곤 합니다. 저에게 있어서, 한 분은 저를 낳아주신 분이며, 한 분은 저를 키워주신 분입니다. 따라서 저에게 있어서의 교실 회고는, 두 분 선생님을 빼고는 이루어질 수 없겠습니다. 오늘, 감히 두 분 선생님을 회고하며, 어줍짢은 저의 이력의 일부를 잠시 공개하는 무례를 용서해 주시기 바랍니다.

1976년 12월 어느 날, 한양대학병원 인턴시험 발표일, 나는 발표장에 가지 않았다. 산부인과는 나까지 포함하여 세 사람이 소위 Kim's plan에 응시하였는데, Kim's 정원은 한 사람이었으니 경쟁률은 3:1 이었다(당시의 인턴제도는 소위 Fix-Tern 制로써 희망과를 인턴입학 시에 미리 정하는 제도였다). 합격자 발표장에 가지 않았던 이유는 합격인지 불합격인지 도무지 자신이 없었기 때문이다. 내 인생의 커다란 전환점이 된 그 날, 송상환 선생님은 나의 손을 들어주셨고, 그 소식은 합격자 발표장에 갔던 친구를 통하여 듣게 되었다. 우여곡절 끝에 송상환 선생님은 나를 선택해 주셨는데, 당시의 풍문으로는, 송상환 선생님은 나 이외에 돌연히 등장한 두 사람의 지원자 때문에 상당히 시달리셨다고 한다. 그 두 사람 뒤에는 상당한 배경이 있었다는데, 송상환 선생님은 어려운 압력들을 물리치시고 나를 선택하여 주셨던 것이다. 이렇게 하여 그날 '산부인과

의사 박문일'이 태어나게 되었다.

그런데, 애초에 왜 나는 산부인과를 지원하였을까? 아직도 나에게 가끔 되묻는 질문이지만, 이런 이야기를 할 때마다 나는 송상환 선생님과의 첫 만남이 생각난다. 시간을 조금 더 거슬러 올라가 나의 학생 시절 멋있는 풍채에, 젠틀한 말씀에, 유머가 넘치는 강의에, 게다가 美男이기까지 하셨던 송상환 선생님은 우리 의대생들에게 인기만점 교수님이셨다. 나는 당시 의대 입학 시부터 테니스부에 가입하여 테니스를 일찍 배운 덕에, 본과 진학 시에는 그래도 테니스를 꽤 친다는 축에 끼었다. 전국 의과대학 테니스 시합에 나가면, 우승은 못 해도 3~4위는 가끔 하였으니까. 그래도, 그 알량한 테니스 실력 덕에 선생님과의 첫 만남이 이루어질 줄은 그때만 해도 몰랐었다.

당시의 임상강의는 본과 3학년에 시작하였으므로, 그때 본과 2학년이었던 나는 강의실에서 선생님을 뵐 수 없었다. 본과 2학년 때의 봄, 개교 기념 교직원 테니스 대회가 있었다. 의과대학의 교수-학생이 한 팀을 이루어 겨루는 복식 테니스 시합이었다. 의대 테니스클럽 회장이었던 나는, 당시 총장님이셨던 이병희 교수님과 한 組를 이루고 다른 팀들과 시합을 하게 되었는데, 그때 바로 송상환 선생님 組와 맞붙게 되었던 것이다. 선생님의 테니스 실력은 당시 이미 상당한 수준이셨다. 하얀 테니스복을 입으신 모습은 또 얼마나 멋지셨는지. 그러나 총장님께 꼼짝을 못 하시는(?) 선생님의, 다분히 고의적인 실수 덕에, 시합은 우리 팀이 이기게 되었다. 그 시합이 결승이었는지, 준결승이었는지는 기억이 나지 않지만, 하여튼 그동안 선배들의 입을 통해서만 들어온 송상환 선생님을 처음 뵙는 자리는 테니스 시합장이었으며, 그 자리에서 나는 선생님 組를 이겨버린 것이었다. 시합이 끝나고 송상환 선생님은 "자네 몇 학년이지? 공부는 안 하고 테니스만 치는 모양이지?" 하시더니 이내 웃으시면서, 이병희 총장님께는 "총장님, 이 친구 산부인과 시켜야 하겠습니다"라는 말씀을 하신다. 총장님의 和答은 "그거야 산부인과 과장 마음대로지. 그런데 시합에 이겨서 밉다고 안 뽑아 주면 안 돼"였다. 한바탕 웃음꽃이 피었던 기억이 난다.

어쨌든 나는 공부를 열심히 하여 산부인과 인턴를 지원하였다. 물론 산부인과학을 특히 더 열심히 공부하였음은 물론이다. 당시 산부인과는 요즘 같은 기피 科가 아니었다. 누구나 하고 싶어 했고, 따라서 그만큼 입학하기 어려운 科였다. 성적순으로 지원하는 과 중 하나였다.

인턴 입학시험에서 영어와 학과시험이 끝나고, 그다음은 산부인과 면접시험이었다. '왜 산부인과를 선택했는가?'라는 송상환 선생님의 질문. 당시 선배가 미리 가르쳐 준 대로, "산부인과는 모든 것이 clean surgery이고, 산모와 태아를 동시에 돌봐야 하는 폭넓은 학문이며, 산모는 환자가 아니고... 그리고..." 등등 준비된 답안을 줄줄 외었으나, 이제서야 알게 된 사실은 바로 송상환 선생님을 닮고 싶어서 산부인과를 지원했던 것이다.

결과적으로 나는 송상환 선생님이 뽑아주신 마지막 제자가 되었다. 이듬해인 1977년 3월, 인턴생활이 시작되었다. 그런데 10월이 되자, 송상환 선생님이 갑자기 辭職을 하셨다. 산부인과에 합격을 했다지만 아직 산부인과 의국에도 들어가 보지 못한 인턴 주제에 科가 어찌 돌아가는 건지도 모르는 채, 이윽고 1978년을 맞았다. 大望의 산부인과 레지던트 1년 차! 나를 기다리고 계시던 분은 나를 뽑아주신 송상환 선생님이 아니고, 前妻 자식(?)을 키워야 하는, 그 엄격하다던 김두상 선생님이셨다.

그러나, 그 김두상 선생님은 나를 다시 태어나게 하셨다. 김두상 선생님이 2대 주임교수로 취임하신 뒤의, 우리 年次 세 명은 김두상 선생님 시대의 첫 1년 차였다. 김두상 선생님으로서는, 4년간 본격적으로 훈련시켜 김두상 선생님 자신의 作品을 만들어야 하는, 그야말로 새내기 1년 차들이었으리라.

수련 시절은 누구나 모두 어려웠겠으나, 본격적으로, 때로는 본보기처럼 시작되었던 어렵고도 엄격했던 4년간의 전공의 시절, 나는 김두상 선생님의 그 엄격함 뒤에 감추어져 있던, 정감 어린 가르침과 학문적인 열정을 결코 잊지 못한다. '눈에 흙이 들어가더라도 공부는 해야 된다'라고 하시며 어려운 학문의 길을 수시로 강조하셨다. 우연의 일치인지는 몰라도, 이렇게 혹독한 교육을 마친 우리 年次 세 사람은 현재 모두 교직에 종사하고 있다. 선생님께서는 교실은 전체 의국원의 뿌리임을 강조하시며, 틈이 날 때마다 참된 인간교육을 해주시기도 하였다. 그때의 그 말씀들은 아직도 내 가슴 어디엔가 남아 간혹 나를 흔들어 깨우곤 한다. 전공의 과정을 마치고 기념회식이 있었던 날, 선생님은 느닷없이 "자네들, 아내들도 데리고 오게"라는 엄명을 내리신다. "부인들이 있었기에 오늘의 자네들이 있네, 아내들의 고마움을 절대 잊지 말게" 하시던 多情多感을 어찌 잊을 수 있겠는가.

그리고 다시 10數年이 지난 오늘, 우리 교실이 창립 25주년을 맞았다. 나를 낳아주신 송상환 선생님! 아직도 좋은 책을 보시면 전화를 하셔서 "박 교수, 책 한 권 보내 줄 테니 열심히 공부해라"라고 하신다. "나는 공부를 채 마치지 못했는데, 젊을 때 열심히 해라. 교실이 열심히 하니 너무 보기가 좋다"라는 말씀으로 우리 교실에 훈훈한 정을 주시고 계시다. 나를 길러주신 김두상 선생님! 그동안 수많은 질책과 격려로 '良藥은 입에 쓰다'를 몸소 가르쳐 주시며, 오늘의 내가 있기까지 채찍질

해 주셨다. 선생님은 아직도, "요즘은 외국 논문 안 쓰는가? 쯧 쯧…" 하시며 오늘날까지 질책과 격려를 주신다.

이러하신 두 분께, 나는 아직 보답을 못해 드렸다. 기대하신 대로 열심히 공부한 것도, 교실의 이름을 드높인 활약을 하지도 못하였다. 그러나 아직 나에게는 시간이 있으니 언젠가는 보답하게 되리라 믿는다. 다시 생각해 보면, '낳은 情-기른 情'에 무슨 차이가 있으랴. 나에게 '낳은 情-기른 情'이셨던 송상환, 김두상 선생님, 이 두 분은 25년 전에 우리 교실을 창립하시고, 또 굳건하게 키워주고 지켜주신, '우리 교실'의 '낳은 情-기른 情'이시기도 하다.

서두에 쓴 것과 같이, 기른 정이셨던 김두상 교수님께서 돌아가신 후 꼭 20년 만인 엊그제, 낳은 정이신 송상환 교수님이 돌아가셨다. 당신께서 열어주신 산부인과학교실이 꼭 창립 50주년이 되는 해이다. 약 3개월 전, 늦게 진단된 췌장암으로 입원하셨다고 한다. 안타까움이 몸을 휘몰아친다. 최근에 못 뵈었던 까닭이다. 코로나19 전에는 해마다 의국 교수들과 함께 초대 드려 식사자리를 마련하곤 했었다. 구정, 추석 명절마다 댁으로 선물을 보내드리면 받으시자마자 전화하시어 쾌활한 목소리로 "또 보냈나? 고맙다" 하시면서 내 안부를 물으셨었다. 그런데 지난 추석에는 전화가 없으셔서, 조금 이상하다 생각하고는 지나친 것이 나의 실수였다. 어르신이 하던 루틴을 하지 않으시면 꼭 살펴보라는 말을 들어왔었는데, 그냥 지나쳐 버린 것이었다. 그때 전화라도 드려봤으면 입원하신 것도 알았을 것이고 문상 아닌 병문안이라도 몇 번 드릴 수 있었는데 하는 회한이 든다. 문상을 하며 사모님의 손을 맞잡으니 울컥하는 마음에 눈물이 쏟아졌다.

이제 낳은 정, 기른 정 두 은사님이 모두 떠나셨다. 어떤 사람들은 기른 정과 낳은 정이 차이가 있느냐고 묻곤 한다. 그러나 기른 정과 낳은 정에 무슨 차이가 있으랴. 기른 정이 보살핌, 배려라면 낳은 정은 애정과 책임감이 아닐까 한다. 이 두 가지에 같이 흐르는 맥락은 바로 사랑이 아닐까. 기른 정과 낳은 정으로 이제까지 받아왔던 사랑을 더욱 후배들에게 나누어 주고 싶은 오늘이다.

아울러 우리 박달회도 올해 창립 50주년이 되었다. 1974년 4월 2일에 창립 당시 박달회 제1수필집의 제목은 〈못다 한 말이〉로써 15인 원년 멤버 선생님들의 면면을 보면 거룩하기까지 하다. 그 존함을 여기에 한번 옮겨본다. 강석영, 곽대희, 김광일, 맹광호, 박용철, 서광수, 소진탁, 송윤희, 유태연, 이계동, 이병화, 이순형, 이제구, 장여옥, 최신해 님들이시다. 필자는 김광일 선생님의 추천으로 2005년에 박달회에 입회하게 되었다.

위 열다섯 분들이 필자에게는 물론 박달회의 '낳은 정'이라면 그 후세대 선생님들은 박달회의 '기른 정'이 되겠다. 그동안 많은 분들이 세상을 떠나셨다. 떠나신 분들을 한 분씩 떠올릴 때마다 생전에 사랑을 나누어 주셨던 그분들의 체취가 온화하게 몸을 감돈다. 필자도 그리고 동세대 박달회 선생님들도 언젠가 떠나겠지. 아마도 75주년, 100주년이 되면 옛 박달회 수필집을 들추며 다시금 낳은 정, 기른 정을 회고하리라.

※ 이 글의 일부 내용은 1998년에 발간된 〈한양대학교 의과대학 산부인과학교실 25년사〉 동문회고담에 게재된 '기른 정 낳은 정'에서 발췌하였음.

박종훈

profile

(전)고려대학교 병원장
고려대학교 의과대학 정형외과 교수(근골격계 종양 전공)

저 서 | 『당신 잘못이 아닙니다』
번역서 | 『알기쉬운 정형외과학』
주 소 | 서울시 성북구 고려대로 73 고려대학교병원 정형외과
이메일 | pjh1964@hanmail.net

歸 天

어머님의 상태가 좋지 않다는 문자를 받은 것은, 스위스의 어느 마을에서다. 아이들 교육 때문에 십여 년간 제대로 못 가본 여름휴가 여행을 떠난 상태였다. 여행 계획은 오래전에 잡아 놓았었는데, 떠나기 직전에 어머님의 건강이 불안정해져서 예정대로 여행을 가야 하나 말아야 하나 고민을 하기는 했었다. 수시로 요양병원과 대학병원을 오가고 있던 터라 괜찮겠지 하고 떠난 건데, 여행 중에 문자를 받고 주치의와 전화 통화를 해 보니, 여행을 중도에 포기할 정도는 아니라고 해서 안심은 됐지만, 마음은 여엉 개운하지 않았다. 마침 큰아이가 할머니 근황을 알려준다면서 동영상을 촬영해서 보내줬는데, 듣던 바와 달리 힘겹게 숨을 몰아쉬는 모습이었다. 동영상을 보던 순간은 기차로 이동 중이었는데 눈물이 하염없이 흘렀다. '내가 지금 뭐 하고 있는 거지? 내가 이러고도 자식이라 할 수 있나?'라는 생각에 어떻게 해야 하나 고민이 됐다. 그런 모습을 보고 아내가 말했다.

"그만 돌아갑시다. 이러다가 큰 낭패를 볼 것 같아요. 평생 후회할 일을 할 수는 없잖아요."

일정을 중단하고 서둘러 돌아와서 중환자실에서 마주한 어머니 모습은 참담했다. 숨은 거칠고, 기관 삽관하다가 눌린 탓에 입술은 부어있고 잇몸 주변은 피떡이 군데군데 보였다. 양팔은 여러 군데 주사 자국으로 인해 퉁퉁 부었고, 오래전부터 움직이지 못했던 다리는 앙상했다. 늘 그렇듯 커다란 기저귀가 채워져 있고. 절망했다.

아버님 돌아가신 지 6년. 아버지는 젊은 시절 줄담배를 즐기셨는데 그 탓인지, 60대 이후, 근 20년 넘게 만성폐쇄성폐질환(chronic obstructive pulmonary disease, COPD)으로 일상생활이 어려울 정도로 고생하셨다. 수시로 입원과 퇴원을 하면서 긴 세월을 버티다가 돌아가셨는데, 병간호하느라 가뜩이나 지병이 많던 어머니의 상황도 덩달아 나빠지기 시작했다. 이미 아버님 생전에 두 분 중에 누가 먼저 돌아가실지 모를 정도로 어머님도 이런저런 병으로 병원 신세를 지던 차에 아버님이 먼저 세상을 떠나셨고, 어머니는 그 모습을 조용히 지켜보셨다.

아버지는 집에 계실 때도 숨이 차서 산소통을 끼고 계셨는데, 어머께 당부하기를, 잘 보시다가 밤에라도 무슨 일이 생기면 바로 연락 달라고 말씀드렸더니, "그냥 두고만 보련다. 병원 가는 것도 그렇고, 갈 사람은 가야 하지 않겠니?"라고 하시는 것이다. 조금만 힘들면 자식에게 연락해서 입원하는 아버지가 못내 마땅찮으신 거다. 자식에게 너무 민폐를 끼친다고 생각하셨다. 그러나 막상 돌아가시고 나니, 어머니도 못내 서운하신지, 휠체어에 의지한 채로 아버님 장례식 내내 자리를 지키셨다. 조문 온 친인척들에게 일일이 고맙다고 하시고, 혹여 결례할까 세심하게 살피기도 하셨다.

오랫동안 아버님이 아프시다 보니 제대로 된 여행 한 번 못하신 어머니. 우리 시대의 모든 엄마가 그렇듯 가부장적인 아버지의 막무가내식 고집과 여유롭지 않은 경제 사정으로 고생도 많이 하신 터라, 살아 계신 동안만큼이라도 정말 즐겁게 살다 가실 수 있게 해 드리고 싶었다. 아버지 돌아가신 그다음 해에 어머니 모시고 동생들과 가족 여행을 다녀왔다. 바다도 보고, 맛있는 회도 먹고, 은근히 아버지 뒷담화(?)도 하고. 그런데 무슨 이유인지 여행을 다녀온 뒤 어머니는 눈에 띄게 건강이 나빠지셨다. 한두 번 요양병원에 입원하시더니 점점 요양병원에 계시는 기간이 길어졌는데, 하루는 입원 중인데 기어코 아버님과 두 분이 사시던 집으로 가시겠단다. 참 이해 못 할 일이다.

왜 노인들은 병원에 있는 것을 그렇게 싫어하는지. 아버지도 안 계신 집에 혼자 계실 텐데 무슨 이유에서인지 그렇게 고집을 부리신다. 스스로는 간단한 라면도 못 끓여 드실 텐데 부득불 집으로 가시겠다고 하니, 고민 끝에 입주 간병인을 구하고 집으로 모셨다. 그런데, 그게 화근이었다. 집에 돌아가신 지 일주일 만에 탁자에서 혼자 일어나시다가 넘어지면서 머리를 다치시고, 지주막하출혈로 중환자실에서 2주 정도를 계시고 나왔는데 그때부터 급속도로 나빠지셨다. 하루가 다르게 인지 기능이 떨어지더니, 딱 반년 만에 가족들을 알아보지도 못하고, 음식물을 삼키지도 못하는 상태가 됐다. 대화는 아예 못 했다. 그렇게 시작된 요양병원 생활이 무려 만 5년이 된 것이다. 평소 '나는 절대로 요양병원에 누워있는 노인이 되면 안 되는데'라는 소리를 입에 달고 사셨는데 어머니가 바로 그런 노인이 된 거다.

요양병원 초기에는 아주 가끔은 의료진과는 소통이 됐다. "어머니, 제가 누구예요?"라고 물으면 내게는 답을 안 하셔도 간호사가 누가 다녀갔는지를 물으면 "아들"이라고 하셨다. 그렇게 5년여의 시간이 흐르면서, 이런저런 문제로 대학병원 응급실을 통해 입원하고 다시 상태가 호전되면 요양병원으로 돌아가기를 반복하다가, 급기야 돌아가시기 수개월 전부터 콧줄을 통해 투입되는 영양분이 들어가기만 하면 토하고, 수시로 전해질 균형이 깨지고 그로 인해 심장 박동이 불안정해지고,

도저히 요양병원에서 감당이 안 되기 시작했다. 돌이켜 생각해 보면 요양병원에 계시기에는 중증이었다.

이미 오래전에 가족을 못 알아보고 의사소통이 안 되기는 했지만, 중환자실의 어머니는 전혀 다른 모습이었다. 떠나야 할 분이 못 떠나고 붙잡혀 있는 듯한 모습. 그랬다. 기관삽관을 하고, 침상에서 투석하고 온갖 수액을 주렁주렁 달고, 심박동은 수시로 불안했다. 문제는 기간 삽관을 오래 유지할 수가 없다는 것인데, 대개 2주 이상 지나면 기간을 절개하자고 한다. 기관을 절개할 것인가? 아버지 돌아가실 때도 비슷한 상황이었고, 그때는 마지못해 기관 절개를 했는데, 당시에 의식이 돌아온 아버지가 어찌나 내게 화를 내고 힘겨워하셨는지를 생각하면 도저히 어머니에게 감행할 수는 없었다.

기관 절개는 안 하고 적당한 시기에 기관 삽관을 빼고 지켜보기로 했다. 월요일. 모든 의료진이 활동하는 월요일 오전에 삽관된 튜브를 뺐다. 그럭저럭 호흡하신다. 오후 퇴근 무렵에도 잘 버티시기에 괜찮겠거니 생각하고 퇴근을 하고 저녁 약속 장소에 갔는데 병원서 연락이 왔다. 갑자기 산소포화도가 떨어지고 있다고. 전화상으로 기관 삽관을 다시 해 달라고 하고는 택시를 잡아타고 병원으로 돌아와 보니 다행히 다시 삽관한 덕에 호흡과 맥박을 정상적으로 돌아왔다. 이제 알았다. 삽관된 튜브를 빼면 바로 돌아가신다는 사실을.

디데이를 목요일 오후로 잡고, 목요일 점심 무렵에 가족들 모두 어머니의 마지막 모습에 인사할 수 있게 했다. 그리고 가족을 다 물린 뒤, 주치의와 상의해서 삽관 튜브를 뺐다. 어럽쇼? 바로 돌아가실 줄 알았는데 호흡이 정상이다. 저녁이 돼도 계속 정상적으로 유지된다. 돌아가시는 것으로 알고 초상에 대비해서 짐을 싸 들고 온 가족들 모두 원대 복귀다. 다행히, 그렇게 주말을 넘겼다. 그리고 그다음 월요일도 무난했는데, 화요일 오전에 살짝 산소포화도가 떨어지기 시작했다. 동생들에게 다시 연락하고, 이제는 돌아가시면 연락하겠다 하고, 잠시 연구실에 와서 깜빡 졸았는가 싶은데, 급하게 전화기가 울린다. 돌아가실 것 같다고. 바람을 가르듯 뛰어가서 보니 운명하셨다.

영안실로 가시는 동안 애들 엄마가 기관 삽관 등으로 벌려진 채로 다물지 못한 어머니 입을 손으로 다문 채로 붙잡고 갔다. 정신없는 장례 기간이었다. 연락할 곳은 어디고, 입관 시간은 어찌할 것이며, 발인은 언제 할지 등등. 장례라는 것이 그렇다. 상주들이 미처 슬퍼할 겨를이 없다. 염을 주관하는 장례지도사께 당부했다. 너무 꽁꽁 묶지 말고 화장을 곱게 해 달라고. 아버지 돌아가실 때 보니 온몸을 꽁꽁 묶는 것이, 너무도 마음에 안 좋았고, 수년 만에 먼저 가신 아버지를 만나실 텐데 곱게 화장을 시켜드리고 싶었다. 마음 같아서는 아주 화사한 양장 옷을 입혀드리고 싶었는데 거기까지는 못 했다. 염할 때 보니 정말 화사하게 화장해 주셨다. 아버지 곁에 합장으로 묻어 드리고, 형제들이 서로 다독이며 그렇게 장례를 마쳤다.

일주일 뒤, 사망 신고를 위해 동네 주민센터에 들렀다. 담당 직원이 내미는 서류에 일일이 적고, 잘못 적은 것 수정하고, 그리고 마지막으로 건네는 순간, 그동안 참았던 눈물이 와락 쏟아졌다. 참을 수 없는 눈물이 시야를 뿌옇게 했다. 이제 어머니는 이 세상의 서류에서 삭제된 것이다. 아, 어머니.

49재는 봉은사에서 거행했다. 종종 절에서 하는 제사나 49재 행사에 참석할 기회가 있었는데, 그때마다 참 와닿는 경이 있으니 바로 無常戒다. 우주가 그렇듯 인간도 무에서 생겨서 다시 자연으로 돌아가는 것이라는 말이 담긴 불경이다.

어머니는 하늘로, 자연으로 돌아가셨다. 언젠가 왔던 그곳으로 가신 것이다. 누구나가 그랬듯이 말이다.

천상병 시인의 〈귀천〉 한 구절을 생각해 본다.

나 하늘로 돌아가리라
아름다운 이 세상 소풍 끝내는 날
가서, 아름다웠더라고 말하리라……

언젠가 다시 어머니를 볼 수 있을 것이다. 나도 귀천하는 날이 올 것은 분명하기 때문이다.

참 아이러니한 것은 어머니를 묻고 온 다음 날, 아침에 몸이 가뿐하더라는 것이다. 왜 그랬는지는 모르겠다. 그렇게 내가 이 세상에서 부모님께 할 일은 끝이 났다.

홍순기

profile

서울 출생
서울의대, 동대학원 졸업(의학박사)
서울대학병원 산부인과 전공의 수료(산부인과 전문의)
한국 성폭력상담소 이사장 역임
대한피임생식보건학회, 대한폐경학회,
대한산부인과학회 부회장 역임
한국 성폭력상담소 상임이사(현)
청담마리산부인과 원장(현)

주 소 | 서울시 강남구 삼성로 712 청담마리산부인과
이메일 | mariehong59@gmail.com

내 인생의 화양연화(花樣年華)

꽤 오랫동안 매년 9월이면 꼭 함께 진료실을 찾으시는 세 분의 노부인들이 계시다. 세 분은 모두 각기 다른 개성이 있으시지만 공들여 외출 준비를 하신 것임이 드러나는 옷차림과 서로를 배려하는 말투, 그리고 정확하게 매년 그 시기에 정기검진을 하시러 오는 철저함 같은 공통점으로 미루어, 비슷한 성향을 가진 오래된 친구들이라는 것을 알아챌 수 있었다. 이분들을 보면 이러한 공통분모 위에 오랜 세월 익어온 우정의 향기를 느낄 수 있어 의사인 나도 기분이 좋아진다.

이제는 70대 후반에 접어들으신 분들이라 자궁경부암이나 유방암 등의 호발연령은 지나셨기에 이렇게까지 매년 철저히 오시는 것은 과하니 검진 간격을 늘려도 된다는 말씀을 슬쩍

드려도 보았으나 밝은 모습으로 이런 핑계로 만난다고 말씀하신다.

잊고 있다가 전자차트에 세 분의 이름이 나란히 떠 있으면 '아, 9월이네. 그분들이 오셨구나...' 하고 입가에 미소가 지어진다. 진료대기실에서 꼭 세 분이 다 모이시고 진료가 끝나면 함께 병원 문을 나서신다. 아마 맛있는 점심식사와 담소를 하고 헤어지시겠지.

나이에 비해 건강하시고 아름다운 세 분이셨는데, 올해는 그중 한 분의 상태가 조금 걱정스럽다. 진료실로 들어오시라고 호명을 하였는데 한참을 기다려도 들어오시지 않는다. 조금 후 먼저 진료가 끝나신 분이 "○○야, 이쪽으로 와야지!" 하며 이끌고 오신다. 자기 이름을 바로 못 알아듣고 계셨던 것 같다. 진찰을 하면서 살짝 인지장애가 오기 시작했음을 알 수 있었다. 언제부터인지 모르지만 살짝 인지의 틈이 생기면 옆에서 두 친구분들이 얼른 메워주고 하여 크게 티가 나지 않았을 것이다. 그렇게 오랜 세월을 본 두 친구분들은 진작 알아채고 계셨으리라. 같이 들어오신 친구분께도 진찰 내용 간단히 설명을 드리고 이런 상황에 대해 아는 척하지 않고 보내드렸다. 아는 척하고 싶지 않았다.

생각해 보니 지금 사는 아파트에 이사 온 지 벌써 18년이 지났다. 아들들이 모두 미국 유학을 떠나고 나서 복잡한 강남을 떠나 한강이 내려다보이는 강북의 이 아파트로 오게 되었다.

　한 해의 대부분을 부부 둘이 살지만 방학이면 돌아오는 아들들을 위하여 아들 방들을 유지해 두었었다. 그런데 어느덧 아들들이 결혼을 하고 외국에 정착하면서 더 이상 방들은 주인을 기다리지 않아도 되게 되었다. 아들들은 그들의 가족과 함께 가끔 한 번씩 들를 것이다.

　이제는 부부 둘이 살 집이면 된다.

　여러 가지 생각 끝에 이사하지 않고 집수리를 하기로 했다. 가끔 들를 아들 가족을 위한 게스트 룸을 만들고 은퇴 후 칩거에 대비한 서재를 꾸미기로 했다.

　현실은, 생각보다 훨씬 많은 짐들을 선별해서 버리고 재배치하는 일이 엄청 고되고 큰 일이었다.

　예산 중에서 가장 큰 건 9년 전 바닥공사 등의 집수리를 할 때 빼놓았던 부엌 가구의 교체였다. 나름 탄탄한 고급 브랜드 제품이어서 당시 수리 때 교체 대상에서 제외되었지만 결국은 수명이 다한 것이다. 서랍 여기저기에서 삐거덕거리며 돈 달라고 손을 내민다.

　부엌살림에 대하여는 아직은 욕심을 비우지 못했다. 1년에 몇 번 모일 수도 있는 가족모임이나 친지모임을 대비하여 요리할 공간과 그릇들 그리고 식탁의 규모 같은 것들은 줄일 수가 없었다. 내가 힘이 닿을 때까지는 기쁘게 모여 먹고 담소할 수 있는 아지트로 제공하고 싶은 욕심이다.

이사 초창기에 엘리베이터에서 만나면 "안녕하세요~" 하고 밝고 힘찬 인사를 나누곤 하였던 위층에 사시는 멋진 웨스턴 스타일의 중년의 신사가 있다. 이 집에 이사 온 지도 20년 가까이 되다 보니 그랬던 분이 이제는 영락없이 자세가 굽어진 노인의 자태가 되셨다. 어쩌다 마주치면 머리만 까닥하는 미소로 인사하신다. 지금도 좋은 모습이시지만 이사 초창기의 활기찬 "안녕하세요~" 하시던 목소리가 왠지 그리워 그 자리에 오버랩 해본다. 누구에겐가 비치는 나의 모습도 세월을 비껴가지는 못하겠지.

〈화양연화(花樣年華)〉라는 왕가위 감독의 홍콩영화가 있다. 절제미와 미장센이 아름다운 영화이다. 60년대 당시 홍콩 주택의 특성을 보여주는 아주 밀착된 주거공간에서 마주치는 이웃 기혼 남녀에게, 우연하고도 운명적인 일들로 인해 감정적 일탈이 일어난다. 조용하지만 격렬한 감정의 섬광 같은 불꽃이 피어오르게 되지만 시절의 잣대를 거스르지 못하고 이를 가슴 깊이 품은 채 물리적으로 멀어진 각자의 위치에서 살아가게 된다. 세월이 지난 후에도 각자의 방법으로 스스로의 꺼지지 않은 감정을 확인하게 된다는 내용이다.

여기서 화양연화(花樣年華)의 뜻은 꽃 모양이 가장 화려한 때, 즉 인생의 가장 아름답고 행복한 순간을 표현한다고 한다. 하지만 영화 제목의 의미는 감정의 불꽃이 가장 화려했던 순간을 회상하는 뜻이라기 보다 다시 각자의 일상을 사는 세월을 지내면서도 서로의 흔적을 찾아가고 아련한 감정의 불씨가 살아 있음을 확인하는 마지막 장면들까지 화양연화(花樣年華)를 느끼게 해주는, 영화 전체를 의미하는 것이라고 생각된다.

인생은 유한하다. 고대 로마의 스토아학파 철학자인 세네카는 인생이 짧다고 말하는 자는 인생을 낭비한 자라고 했다.

감히 나는 내 인생을 소중하게 가꾸며 열심히 살아왔다고 자부한다. 가끔은 의도한 바와 달리 모양이 망가지는 경우도 있었지만 무너지고 주저앉은 적은 없다. 비록 불완전한 내가 추구한 모습이 완벽한 선(善)은 아니었겠지만 말이다.

당연히 그중 빛나게 아름다웠던 순간들도 있었다.

그러나 내 인생의 화양연화는 그중 언제였다라고 말하고 싶지 않다.

한가로운 일요일 아침을 같이 먹는 남편이 있고, 언제든 손님처럼이라도 머무르러 올 가족이 있고, 내 부엌에서 사람들을 대접하고 싶은 마음이 살아있고, 상실해가는 것들이 생기면 눈치 못 채게 기꺼이 그 자리를 메꾸어 줄 친구들이 있다고 믿는 한, 내 인생의 화양연화(花樣年華)는 아직도 진행 중이다.

양훈식

profile

제주한라병원 이비인후과장(현)
중앙대학교 명예교수(현)
대한 임상보험의학회 회장(현)
건강보험 심사평가원 진료심사평가위원회 위원장
대한이비인후과학회 부이사장
근거창출 임상연구 국가사업단장
대한의사협회 보험이사 및 부회장
중앙대학교병원 이비인후과장 및 주임교수
중앙대학교 의과대학 이비인후과 교수

주 소 | 제주도 제주시 도령로 65(연동) 제주한라병원 이비인후과
이메일 | yhsljr@cau.ac.kr

의사가 드리는 졸업장

　　　　　　　　　　제주의 어느 종합병원 이비인후과에서는 가끔 대화로만 진행하는 졸업식이 열린다.
　"축하드립니다! 이제는 병원에 안 오셔도 됩니다. 증서는 없지만 졸업장을 드립니다."
　"정말이세요? 이비인후과 과장님, 그동안 너무 감사했습니다. 안녕히 계세요!"
　"네! 앞으로는 병원에는 오지 마시고 선생님 가족 모두 항상 건강하세요!!"
　환자는 그동안 다니던 외래 진료실을 떠나 밝은 표정과 가벼운 발걸음으로 집으로 돌아간다.

　나는 약 2년 전부터 제주에서 이비인후과 진료를 다시 하게 되었다. 서울에서 20대 초반의 나이에 전문의 수련 과정을 거쳐, 60대 중반의 정년퇴임 시기까지 대학병원에서 진료를 했었기에, 다시는 스트레스 많은 수술이나 진료는 하지 않을 생각이었다. 강원도 원주에 있는 심사평가원에서 2년 기간의 준공무원의 임기를 마치고 나서는, 도시생활을 하는 사람들이 로망으로 생각하는 '제주도에서 놀고 쉬고 먹고 자고 웃고 살아보기'에 도전하였었다.

그러나 제주도처럼 상급종합병원이 없는 의료 취약지구(?)에서는 은퇴한 의사가 빈둥빈둥 놀고 편하게 지내도록 허락하지 않는 것 같다. 제주도에 상주하는 사람은 70만 명 정도라서 서울의 영등포나 광진구보다도 적은 인구가 살고 있고, 의사와 병원이 부족하다고 할 수는 없지만, 필수의료를 담당하는 젊은 의사가 많이 모자란다. 잠시 근무하다가도 자녀의 교육 등 이런저런 핑계를 대고 대도시로 이직해버려서 필수의료를 담당할 젊은 의사는 여전히 부족해 보였다. 특히 내가 전공하였던 두경부종양의 전문의가 제주도에는 한 명도 없어, 우연치 않게 나는 종합병원에서 다시 이비인후과의 두경부 질환을 진료하게 되었다.

우리나라는 건강보험의 혜택으로 모든 국민이 의료기관에 접근하기도 쉽고, 초고령사회가 되어가고 있어서 환자의 연령별 구성 비율을 보더라도 월등하게 고령층이 많은데, 고혈압이나 당뇨, 고지혈증 등의 만성질환으로 일단 진단받으면 병원을 졸업하기가 어려워진다. 뇌졸중, 뇌경색, 심근 경색이나 심혈관 질환 등의 심각한 합병증으로 이어진다면 병원을 떠나 일상생활을 영위하기 쉽지 않다. 의료기술의 발전으로 장기이식 등의 첨단 치료 후에는 면역억제제의 투여도 필요하여 평생 진료가 필요한 상황에 처하게 되는 것이다. 암(악성 종양)의 진단을 받으면 수술, 항암제, 방사선치료, 면역치료 등이 필요하여 최소 5년은 병원을 다녀야 완치 판정을 받게 되고 그 이후로도 정기적인 추적 관찰이 필요하여 병원 졸업은 생각도 못 하게 되는 게 현실이다. 병원을 경영하는 입장에서는 좋을 수도 있겠지만, 의료 현장에서 직접 진료하는 의사들의 진정한 소망은 환자의 고통을 해결하고 병을 완전히 낫게 하며, 입원환자는 하루라도 빨리 가정으로 돌려보내고, 외래 진료도 필요하지 않도록 병을 치료하는 것이라고 생각한다.

사람이 나이가 들어 몸도 불편하고 아프고 병이 들어 어쩔 수 없이 병원에 입원해도 돌아가고 싶고, 여생을 보내고 싶고 편히 지낼 수 있는 곳은 어디일까? 제일 먼저 가고 싶은 곳이 어디일까? 여러 말할 필요도 없이 가족들이 기다리는 홈, 스위트 홈이라고 생각한다. 하지만 딱하게도 다양한 사유로 이미 배우자도 없고, 자녀들도 부모를 집에서 모실 형편이 되지 않는 많은 경우를 보았다. 퇴원해도 다시 재활병원, 요양병원, 요양원,

호스피스병동으로 입원하시는 분도 많다. 우리나라에서 제주도만 그렇지는 않겠지만, 병원에서 집으로 돌아가는 여정이 쉽지 않아 보인다.

다행히도 이비인후과 질환들은 가벼운 질환도 많아서 치료가 끝난 다음에는 가족이 기다리는 집으로 돌려보내기 쉬운 편이다.

이비인후과학회의 모든 회원의 멘토(Men-tor)이신 관ㅇ이비인후과의 최ㅇㅇ 원장님의 말씀대로, '이비인후과는 목이 메고 숨 못 쉬는 사연, 말못할 사연을 해결해 주고, 안 들려서 답답해하면 소리를 듣게 해주고, 기가 막히고 코가 막히는 사연도 해결해 주며, 삼키지 못해 배고픈 사연도, 가슴이 미어지는 답답한 사연도 해결해 주는 과'라는 이비인후과 예찬론에 나도 적극 동조한다. 다만, 궁금한 사항을 알고 싶어서 끊임없이 질문이 많은 환자분께는 일일이 설명하느라 입을 부지런하게 움직여야 하는 수고가 아주 많이 필요하기도 하다.

"축농증은 수술해도 재발한다는데 사실인가요?", "꼭 그렇지는 않지요. 우리의 코는 매연, 공해로 질 나쁜 공기를 들이마시더라도 일차적으로 공기청정기의 필터와 같이 정화 기능이 있으니 앞으로 생리식염수로 코 세척도 자주 하시고 관리 잘하시면 됩니다", "편도선절제수술 받아도 감기가 재발하나요?", "맹장염으로 절제수술을 받은 분은 이미 맹장이 없는데 맹장염이 또 발생할까요? 다만 편도가 없으니 편도염이 다시 발생해서 열나고 온몸이 아픈 몸살 증세는 없겠지만 코감기, 목감기는 바이러스가 자주 변형해서 우리 몸을 또 찾아오니 이런 경우 재발이라 하지 않고 새로운 감기를 앓으시게 되는 것입니다. 건강관리 잘 하셔서 다시 우리 이비인후과에는 안 오시기를 바래요"라고 졸업장 없는 졸업식을 한다.

두경부외과 질환 중에서는 양성종양, 심경부 감염, 갑상선 종양 등 수술만 잘 하면 완치가 가능한 질환이 많은 것도 사실이다.

종합병원에 근무하다 보면 가끔은 종이로 제작한 규격화된 서류 형식으로 인쇄된 졸업장을 발부할 때가 있는데 서류의 공식 명칭은 '○○진단서'이고 마음으로는 '인생 졸업장'이라고 읽는다. 진단서의 발급은 의사의 고유 권한인데 별로 누리고 싶지 않은 권한이다.

○○진단서는 어떠한 경우에도 환자 본인이 직접 수령할 수 없다. 가족분들이 유가족이라는 신분으로 수령해 가서는 중요한 문서처럼 보관하지도 않고 액자에 넣어서 기념하지도 않는다. 주민센터, 은행, 생명보험회사, 환자 본인 또는 자녀의 직장 등등 여러 필요한 곳에 제출하게 된다. 심지어는 한 줌의 재로 변하는 산세가 수려한 화장터의 접수창구에도 제출해야 한다.

제주도라는 맑은 공기와 청정 자연의 멋진 동네에 사는 보답으로 병원의 지하 1층에 위치한 이비인후과 진료실에서 진료도 하고 수술실에서 두경부외과 관련 수술도 한다. 치료가 잘 된 경우에는 병원에 안 오셔도 된다는 언어로 제작한 졸업장을 전달하며 지내고 있다. 나를 찾아오는 환자분들의 가족에게 종이로 만든 졸업장은 만들어 드리고 싶지 않다.

양은주

profile

서울 출생
연세의대(의학박사)
세브란스병원 재활의학과 전공의 수료(재활의학과 전문의)
연세대학교 미래융합연구원 연구 교수(현)
대한암재활의학회, 림프부종학회 이사(현)

저 서 | 『림프부종, 암재활매뉴얼』, 『내가 살린 환자, 나를 깨운 환자』,
　　　　『리부트: 마이라이프』 등
이메일 | graceloves@gmail.com

물.들.다.

'또록... 또록... 또로록...'
　새벽 비 오는 소리를 들으며 선잠을 깬다. 베란다와 맞대어 있는 안방 창가에 딱 붙어있는 침대 빗물이 모였다가 배수구로 쏴아 흘러내리는 소리일 게다. 오래된 아파트 꼭대기 층에서만 들을 수 있는 소리일지 모른다. 이불 밖에 내민 코끝이 약간 촉촉해진다. 서늘해진 건가.

　이 비가 지나면 낙엽이 지고 추워진다 했다. 십도 이하로 온도가 떨어져야 낙엽색이 붉게 물든다 했다. 서울 낙엽은 아직 노란색이다. 벚나무도, 은행나무도, 화살나무도... 따스한 날씨가 시월이 한참 지난 지금도 지속되어서 였지. 아직도 푸른 잎들로 뒤덮인 나무도 많던데. 엽록소를 축적할 준비를 시작도 못한 그들에게 갑자기 추위가 들이닥치면 어쩌나. 세상의 모든 나무 걱정까지... 더 꾸물거릴 걱정 거리가 떠오르지 않는다. 일어나야지. 빗줄기가 더 세지기 전 베란다 창문을 닫아야지. 이제 새롭게 피기 시작한 주황빛 제라늄 꽃잎에 빗물이 닿기 전 단속을 해야지.

마루 공기는 생각보다 춥지 않다. 하룻밤 비가 내린다고 쉽게 떨어질 대지의 온도가 아니었던 게다. 내려다 본 아파트 단지 내 은행나무 잎들은 아직 노랗게 풍성히 달려있다. 다행이다. 비도 잦아들었나 보다. 하루 종일 내린다는 예보가 맞지 않을 것 같다. 우산도 챙기지 말자.

이런, 늦었다. 먼저 내려가 차에 시동을 걸어 뒤야지. 막 일어나 침대에 멍하니 앉아 있는 아들에게 빨리 가자고 한소리 한다. 놀이터 앞에 세워둔 차들이 모두 노랗게 덮여 있다. 겨우 찾은 차 앞뒤 유리창엔 길가 나무에서 떨어진 낙엽들이 수북하다. 아. 작년에는 지하주차장이 있었구나. 비가 내린 늦가을 아침엔 조금 일찍 나가 차에 쌓인 낙엽을 쓸어내려야 출발할 수 있다는 걸 몰랐다. 운전할 수 있을 정도까지만 슬슬 낙엽을 손으로 떼자. 달리기 시작하면 떨어지겠지. 터덜터덜 내려오는 아들과 해피를 태우고 출발해 보자. 푸른 신호로 바뀌고 속도가 나니 양 창가로 차 위에 쌓인 낙엽이 깨끗하고 깔끔한 차들 사이로 휘날리며 떨어진다.

"우리 차가 나무가 된 줄 착각하고 있나 봐."

주인 닮아 늦가을 나무를 흉내 내고 싶었는지도 모른다. 길가의 플라타너스 푸른 나뭇잎들 하나, 둘 빗줄기에 힘을 잃고 떨어지고 있다.

떨어지는 낙엽을 손으로 잡으면 사랑이 이뤄진다지. 지난주였지. 난생처음 떨어지는 낙엽을 손으로 잡았다. 그것도 두 번이나. 중고등학생 때도, 대학생 때도, 연애할 때도 성공한 적 없던 것을 사십 대 후반에 난생처음, 떨어지는 낙엽 가득한 산책로를 걸어본 적이 없어서 였을까. 바람 불고 앙상한 나뭇가지 사이 떨어진 낙엽을 바삭바삭 소리 내며 걸었던 기억도 있고, 튼튼하게 나무에 붙어 색만 아름답게 물든 모습을 보았던 기억도 있지만, 나의 가을을 맞는 시간이 너무 빨랐거나 너무 늦었던 탓이리라. 천천히 거닐지 못하고 늘 빨리 뛰어다녔기 때문이리라. 잠시 멈춰 언제 떨어질지 모르는 나뭇잎을 올려다보며 손바닥 내밀어 본 적이 없었기 때문이리라.

하늘하늘 떨어지는 잎을, 가만히 그 잎을 잡아 본다. 난생처음. 느리게 갑자기 느리게 흘러서였을까. 빠르게 지나치기만 했던 일상이 몇 년간 멈추어서였을까. 낙엽을 잡고서 잠시 그 자리에 서 있어 본다. 그래. 달려가는 사람들 틈에 혼자 느리게 하루가 지나고 한 달이 지나고 일 년이 지나고 이 년이 지났지. 특별한 무언가를 할 수 있을 줄 알았는데 그리 자랑할 것이 없다. 첼로 한 현 긋는 것이 조금 덜 어색해졌고, 캔버스 가득

색 하나 칠하는 게 조금 더 용감해진 것, 투덜거리는 아들의 한마디가 배가 고파서인지 불안해서인지 좀 더 빨리 알아차리게 된 것, 약간의 틈을 타서 슬쩍 아들 등 뒤에 힘내라고 말 건네는 것이 어색하지 않게 된 것. 그래 그건 좀 스스로 대견한 변화이다. 떨어지는 낙엽을 잡는 게 얼마나 어려운 일인데 사랑이 쉽게 이루어지지 않듯, 사람을 제대로 바라보기 위해 그 많은 시간이 필요하듯…

가을이 지나가는 그 계절에, 낙엽이 떨어지기 시작하는 그 시간에, 하나둘 잎을 떨구는 그 나무들 아래 가만히 서 있어야 가능한 것들. 노란 잎 두 개 곱게 넣어두고, 갑자기 아쉽다. 단풍은 붉은색이 제맛인데. 서울엔 붉은 단풍이 이리도 없나. 시민의 숲 이리저리 살펴보아도 찾기 힘들다. 따스한 날씨로 서울의 시월이 다 갔기 때문이겠지.

라디오 너머 "여긴 속리산인데 온 산이 붉은 단풍으로 가득해요"라며 전국의 단풍 소식 알리는 사연들이 들린다. 설악산, 속리산… 아직은 산으로 들로 멀리 가기 어렵다. 고3 아들 수능이 얼마 안 남았다. 마루 한가운데 놓인 테이블을 차지하고 앉아 있는 아들 공부 도와주지는 못할망정, 방해가 되면 안 되지. 화장실 들락날락거리기도 조심스러운데, 주말이지만 방 안에 조용히 있자.

그동안 손도 못 댄 빈 흰 캔버스가 어디 있더라. 저 구석 책장에서 찾아 이젤 위에 올려놓는다. 선물 받은 과슈 물감통에서 색을 골라본다. 노란색, 연노라색, 주황색, 붉은색 가득한 플라스틱 통 껍질을 벗긴다. 붓, 나뭇조각, 플라스틱 껍질, 맨들맨들한 종이 조각을 작은 통에 담아 듬뿍 물감을 묻히고 흰 천으로 옮겨 문지르고 칠한다. 두 캔버스를 서로 문대어도 본다. 한참을 찾아보다 보고 싶은 색을 찾았다. 그래. 이거다. 설악산의 붉은 단풍색은 바로 이 색일 것이다. 늦가을 지나기 전 보고 싶은 색들이다. 방 안 한 구석을 물들여보자. 이 작은 공간, 내가 좋아하는 색으로 물들여도 되지 않을까. 올해가 가기 전 비바 마젠타 색으로 가득 채운 그림 하나 더 그려보아야지. 나의 색을 찾아 물들며 물들이며...

한광수

profile

경기도 개성 출생
가톨릭의대, 동대학원 졸업
(의학박사, 외과 전문의)
공군 의무감
서울특별시의사회장
의협 100주년사 편찬위원장
한국보건의료재단 총재
사회복지법인 유린보은동산 이사장
인천원광효도요양병원(현)

저 서 | 『의사만 봉이지』, 『아버지 아버지 사랑하는 나의 아버지』,
『아니 부당청구라니!』, 『엄마, 엄마 미꾸리 안 먹어?』,
『Where is My Captain?』
육군진중가요 현상모집 당선작 『우리 분대장』 작사
이메일 | ksh8387@hanmail.net

가고파

내가 군에서 공군항공의료원장으로 복무할 때니까, 지금부터 40여 년이 훨씬 지난 옛 얘기다.

유예형 대령이라는, 성품이 넉넉한 보급병과 장교를 가깝게 사귄 적이 있다. 그분은 무슨 인연인지는 몰라도 「가고파」를 지으신 국민시인이셨던 이은상 시인을 마치 친부모님처럼 극진하게 받들었다. 유 대령의 소개로, 언젠가 이은상 시인의 부인이 허벅지에 종기가 나셨을 때, 내가 항공의료원에서 수술해 드리고 며칠 동안 치료해 드렸던 적이 있었다. 그 인연으로 하루는 이은상 시인 댁을 찾아뵐 수 있었다. 키가 자그마하시고 말씀은 별로 없으셨으나 인자하고 온화하셨던 모습이 기억에 남는다. 그날 시인 댁에 나와 함께 갔던, 항공의료원의 진료부장이었던 김정묵 소령 덕택에 시인과 함께 하는 귀한 사진을 남길 수 있었던 걸 평생 영광스럽게 여긴다.

이은상 시인(우측)과 함께

　내가 고등학교 1학년 때였던 1955년에, 서울대학교 치과대학을 졸업하고 도미유학을 떠난 성수 형이, 헤어진 지 10년 만에 해군군의관이 되어 미국으로 유학가서, Texas주의 DLI(Defense Language Institute)에서 영어 공부를 하고 있던 나를 찾아왔다. 어느 날 DLI의 교장인 공군 대령이 날 부르더니, '네 형이 Michigan 주립대학의 교수가 맞느냐'고 하더니, '너를 담당하고 있는 Instructor Miss Akins가 네가 Excellent student라고 하니, 네 형이 여기 와 있는 동안 수업을 결강해도 좋다'고 직접 허락해 주었다.

성수 형은 DLI가 있던 Texas 주의 San Antonio 일대의 「ALAMO 요새」 등 관광명소들을 다 보여 주었다. 하루는 내가 습관대로 노래를 흥얼거리는데, 운전 중인 형이 너무 조용하기에 힐끗 보았더니, 소리 없이 눈물을 흘리며 울고 있었다. 못 본 척, 나는 부르고 있던 가곡 「가고파」를 계속 불렀던 게 평생 잊혀지지 않는다.

6·25 전쟁 때 학도병으로 참전했다가 늑막염에 걸려, 마산의 36육군병원에 입원해서 결국 거기서 의병제대를 했던 성수 형은 이때 인생의 변곡점을 맞았다. 주말이면 외출을 시켜 줘서, 마산 시내를 구경 다니곤 했는데, 어느 날 운명처럼 초등학교 1년 후배인 첫사랑이었던 형수를 만났다고 한다. 그 당시 마산여고에 다니던 여고생이었던 형수는 집으로 형을 데리고 가서 집안끼리 잘 알던 부모님께 성수 형을 인사시켰을 건 당연한 일이다. 주말마다 형을 데려다가 좋은 음식을 잘 대접해 줘서 병을 이겨낼 수 있었다고, 우리 부모님은 평생 사돈댁에 고마워하셨다.

형수는 마산여고를 수석으로 졸업하고 진학하기가 무척 어려웠던 서울의대에 입학했다. 성수 형이 치과대학에서 학업을 마치고 도미 유학을 하기 전에 형과 약혼을 했던, 형수는 의과대학을 졸업하자마자 미국으로 가서 성수 형과 결혼식을 올렸다. 결혼식에 참석하기 위해 미국으로 간다는 건 꿈도 꿀 수 없을 정도로 가난했던 시절이라 결혼식에는 양가에서 아무도 참석하지 못했으나, 형과 형수는 정말 평생을 행복하게 살았다. 성수 형이 날 Texas로 찾아왔을 때는 미국에 온 지 꼭 10년이 되던 해였는데, 그전에 아버지가 돌아가셨을 때 상제 노릇을 하지 못한 죄책감과 아쉬움이, 「가고파」를 들었을 때 터져 나왔을 것만 같다. 가족의 생사를 모르면서 육군병원에서 몹쓸병에 시달릴 때, 첫사랑을 만났던 마산의 정취가 어린 「가고파」를 들으면서 흘렸을 눈물의 의미를 알 것만 같다.

성수 형은 세계적인 전자현미경학자로서, 또 교과서까지 집필한 저명한 해부학자로서 성공했으나 천재들이 그랬듯이 한창 일할 나이인 만 칠십 세 때 세상을 떠났다.

나는 습관처럼 가끔 「가고파」를 흥얼거리는데, 늘 그 아름다운 가사를 지극히 사랑한다. 특히 맨 끝연의 「가서 한데 얼려 옛날같이 살고 지고, 내 마음 색동옷 입혀 웃고 웃고 지내과져, 그날 그 눈물 없던 때를 찾아가자 찾아가」에 이르면, 내가 살아온 지난날들이 한꺼번에 주마등처럼 지나가면서, 짐짓 눈물을 짓곤 한다. 아마도 열 살 때 전쟁으로 고향을 떠났던 내게, 짙은 향수가 한꺼번에 가슴속으로 밀려들기 때문일 게다.

참으로 다행스럽게도 성수형은, 어머니가 만 100세가 되시던 2000년 음력 8월 24일, 많은 축하객들을 모신 「백수연」에 참석해서 나와 함께 축하 케이크 촛불을 불어 드렸다. 그 후 어머니의 상태가 급격히 안 좋아지시자 성수 형은 미국으로의 귀국을 늦췄는데, '절대 금년 겨울에는 안 돌아가신다'는 내 호언

장담을 믿고 미국으로 떠난 성수 형은 이튿날 미국에 도착해서 어머니의 부음을 들었고, 어머니의 유언대로 치른 「삼일장」에는 결국 참석하지 못했다. 이래저래 성수 형은 두 분 부모님의 장례식에 참석하지 못할 팔자를 타고난 게 틀림없다.

성수 형은 생전에 엉뚱한 일을 많이 했다고들 하는데, 형수가 전하는 생명보험 얘기는 정말 불가사의하다. 형은 젊어서 50세부터 80세까지 매달 3천 불씩 받는 보험을 들었는데, 막상 50세가 되니까, 만 70세까지만 보험금을 받되, 매달 받는 금액은 5천 불로 올렸다고 한다. 형수는 70세까지만 보험금을 받고 그 이후엔 자식들한테 부양을 받으려 한다고 무심히 여겼는데, 결국 형은 만 70세에서 두 달 모자라는 3월에 세상을 떠났으니, 4월분과 5월분 꼭 두 달 치만 못 받은 셈이다.

비록 많은 학문적 업적을 남기고, 노벨상에 버금간다는 미국기초의학상 등 많은 상들을 수상하고, 「세포생물학(Cell Biology)」이라는 불후의 명 교과서를 남겼지만 성수 형이 만일 조금만 더 살았다면, 훨씬 더 많은 학문적 업적을 남겼을 것이라고 믿어 의심치 않는다.

최종욱

profile

경남 거창 출생
고려의대, 동대학원 졸업(의학박사, 이비인후과전문의)
고려의대 이비인후-두경부외과장, 주임교수, 안암병원 부원장, 안산병원장 역임
이비인후과의사회장 역임, 관악이비인후과 대표원장(현)
수필가(한국문인협회, 국제펜클럽 정회원)

저 서 | 『지뢰밭으로 걸어가라』, 『다시 찾은 목소리』, 『두경부 종양학』 외 다수
주 소 | 서울시 관악구 봉천로 488 서호빌딩 4층 관악이비인후과
이메일 | jochoi0323@naver.com

분 노

분노는 공포를 유발한다.
 요즘 더욱 심한 것 같다. 때와 장소를 가리지 않고, 부모, 형제, 사제지간도 불문하고 분노를 표출한다. 분노의 세상이 되었다.

 쾅! 하고 병원 출입문을 요란하게 치고 난 후 무슨 병원이 이러냐며 고래고래 고함을 질렀다. 한 시간이나 기다렸는데 언제쯤 진료한다는 안내도 없이 접수실 간호사가 자신에게 불친절하게 하였다고 난리를 쳤다.
 대합실은 공포 분위기였다. 그 누구도 말리는 사람이 없다. 거구에 목까지 문신을 하여 무서워 감히 말릴 수가 없었다.
 긴 추석 연휴가 지난 첫날이라 환자분들이 많아 병원은 북적

거렸다. 분노에 찬 환자분을 바로 진료실로 모셨다.

"선생님 죄송합니다. 오늘따라 환자분이 많아 진료가 늦어졌으니 이해하여 주시기 바랍니다."

발등까지 문신을 한 환자분은 아랑곳하지 않고 이따위로 순서 없이 무조건 대기하라고만 하는 병원은 문을 닫으라는 것이었다.

잘 달래고 달래었다.

손은 아프지 않으시냐고 여쭈어보니 아프긴 하지만 화가 나서 참는다고 하였다. 꽤 많이 부어있었다.

목이 쉬고 호흡장애가 있어 치료받으러 왔다고 하였다. 큰집(교도소)에 들락날락하다 보니 마땅히 할 일이 없어 중장비 중 크락샤와 굴삭기를 주로 운전하면서 생업을 유지하고 있으나, 불경기라 일거리가 많지 않아 생활이 어렵다고 하였다. 시끄러운 공사장에서 일을 하기 때문에 목이 쉬어 의사소통이 잘 되지 않아 혹시 후두암이 생기지는 않았나 궁금하여 진료받으러 왔다고 하였다.

후두내시경으로 관찰하니 다발성 성대부종이 있고, 흡연을 많이 하여 주변이 거뭇거뭇하였지만 종물은 없어 암일 가능성은 적다고 하였다.

2주 약을 처방하여 드리고 호전되지 않으면 수술을 할 수 있다고 말씀드리고 가능하면 금연, 금주하시고 화도 좀 덜 내셨으면 좋겠다고 말씀드리니, 당신이 무슨 권한으로 나에게 흡연,

음주 따위를 하지 말라고 하느냐고 하면서 오히려 나를 호통을 치고는 그것도 모자라 접수대의 간호사에게 똑똑히 일하라고 고함을 지르고는 병원을 떠났다.

기가 막힌 진료 현장이다.

목소리 큰 사람이 때와 장소를 가리지 않고 갑질하는 것이 가슴이 아팠다. 분노가 세상을 압도하는 기현상의 진료현장을 지키고 있다는 것이 슬펐다.

환자는 2주가 되기도 전 4일 만에 다시 찾아왔다.

약을 먹어도 전혀 효과가 없으니 목소리가 잘 나오게 약을 독하게 지어달라고 하였다. 스테로이드와 정온제를 추가하여 며칠 치를 드리고 불편하시면 언제든지 내원하시라고 말씀드렸다.

첫 번째 내원할 때보다는 한결 부드러워졌다. 자신을 따숩게 대해 준다는 것을 느꼈던 모양이다.

지난 7월 병원 근처 신림역 4번 출구에서 전과 17범인 삼십 대 초반 남성이 다른 사람도 자신과 같이 불행하게 살아야 한다면서 이십 대 모범 청년을 처참하게 살해하고 주변에 있던 세분의 남자들에게도 중상을 입혔다. 세상에 대한 분노가 부른 충격적인 사건이다.

철학자 버틀러는 인간은 누구나 신이 부여한 분노를 품고 살아간다고 하였다. 때로는 억누르고 때로는 숙고한 분노를 표출하면서 일생을 살아가는데, 이러한 상태가 도를 넘어서면

걷잡을 수 없는 파국으로 치닫게 된다고 하였다.

　인간이 가지고 있는 네 가지 감정, 기쁨, 슬픔, 불만, 분노 중 분노가 가장 공격적이고 파괴적이다.

　분노의 화학적 반응은 단 2초부터 시작한다. 카테콜아민, 도파민, 세로토닌, 부신피질 호르몬의 혈중농도가 증가되면서 3초 전후하여 최고조에 이르며 이때는 거침없는 분노를 표출하고, 30초에서 3분간 지속된다고 한다. 이 시간을 잘 극복하지 못하면 인간은 누구나 돌이킬 수 없는 사고를 치르게 된다.

　요즘은 세상이 너무나 각박하고, 치열한 경쟁으로 인한 스트레스로 인하여, 다양한 감정의 표출이 너무나 적극적이다. 생각할 사이도 없이 바로 행동으로 옮겨, 어수선하고 불안한 세상을 살아가고 있다.

　인간이라면 마음과 생각을 늘 건강하고 튼튼하게 다스려야 한다는 성인들의 말씀이 와닿는다.

　나만 고생한다는 피해망상적인 분노를 자제하도록, 서로가 참고 인내하며, 낮은 자세로 숙고된 분노만 표출할 수 있도록 모든 사람들의 세심한 배려가 절실한 세상이 되었다.

홍지헌

profile

강원도 동해시 출생
연세의대, 동대학원 졸업(의학박사)
세브란스병원 이비인후과 전공의 수료(이비인후과 전문의)
한국의사시인회 5대 회장 및 문학의학회 이사(현)
연세이비인후과 원장
시인(문학청춘 등단)

저 서 | **시집**「나는 없네」,「자작나무는 하염없이 하얗게」
 의학 상식 교양 서적「당신의 귀, 코, 목의 건강을 위하여」,
 「이비인후과 의사의 어지럼증 보고서」
주 소 | 서울시 강서구 방화동 614-34
 메디스타워 501호 연세이비인후과
이메일 | jihunhong@hanmail.net

섬에서 보내는 편지

모두가 모두로부터 단절되어 있는
지금은 코로나 팬데믹 시대

섬처럼 고립되어
정일근의 시
'유배지에서 보내는 정약용의 편지'를 읽으며
아들아,
이 어려운 시절 너희들을 생각한다

나의 불안이,
나의 분노가,
나의 후회가,
다산 선생의 그것에 비할 바 아니겠지만
이 시절이 정말 두렵다

춥고 두렵고 떨리지만
의연한 아비의 모습은 보이고 싶어
연근차 한 잔으로 마음을 다듬으며
어지럼증 원고를 쓴다

추위가 가고 세월이 따뜻해지면
한 권의 책으로 묶어 볼 수 있으려나
아직은 바람이 차고 흉흉하다

2022. 2. 22

올해 초 어지럼증에 대한 책을 출판했다. 2021년 우리 클리닉을 방문한 어지럼증 환자 400여 명의 설문조사를 분석하고 어지럼증에 관한 교과서와 참고 도서를 읽고 공부한 내용을 정리하여 일반 독자들에게 어지럼증을 소개하는 목적으로 쓴 건강도서다. 이 책을 준비하던 2021년과 2022년은 코로나 팬데믹으로 사람과 사람 사이의 직접 대면이 통제되어 모두가 섬처럼 혹은 섬에 유배된 사람들처럼 고립되어 있었던 때였다.

모든 사람들이 지은 죄 없이 유배 생활을 하던 그때 너무 달라진 세상의 모습에서 오는 두려움을 견디기 위해 무엇인가 의미 있는 일을 해야 할 것 같아 어지럼증 책 원고를 쓰기 시작했다. 그 과정의 심정을 시 한 편에 담아 서두에 실으면 좋겠다고 생각했으나 가족들이 모두 뜬금없다고 반대하는 바람에 원고를 수정하는 과정에서 뺐다가 아무래도 아쉬워서 출판사 대표님과 상의하여 눈에 잘 띄지 않는 책의 말미에 다시 실었다. 그렇게 우여곡절을 겪으며 이 시는 가까스로 세상에 나올 수 있었다.

중·고등학교 선배님 중에 국세청장을 지낸 분이 계신다. 이분이 정치적 상황에 휘말려 불명예스럽게 퇴직한 후 한동안 대외적인 활동을 접고 칩거하며 소설 한 편을 완성했다. 소설 내용은 노비가 된 성삼문의 딸 이야기였다. 최근 그 작품으로 문학상을 받게 되어 수상소감을 밝히면서 마치 다산 정약용 선생이 유배생활을 하며 목민심서를 쓰셨듯이, 정신적으로 고립되어 있던 그 시절 정약용 선생의 심정으로 소설을 완성했노라고 토로했다.

물론 다산 선생의 억울한 심정과 역사적 비중과 백과사전을 방불케 하는 방대한 지식이 반영된 저술 작업에 비할 바 아니지만, 분류상 같은 계통의 심정이었으므로 선배의 수상소감에 공감했고 나도 그런 심정으로 책을 쓰게 되었다는 것을 나타내고 싶어 이 시를 책에 싣고자 원했던 것이다.

이 시는 정일근 시인의 '유배지에서 보내는 정약용의 편지'라는 시를 모방하여 아들에게 보내는 편지 형식을 띄고 있다. 정일근 시인의 위 작품은 당시 신춘문예 사상 가장 뛰어난 작품으로 평가받았다고 하며 시의 화자는 다산 정약용이다. 즉 정약용 선생의 입장에서 장남인 정학연에게 보내는 편지의 형식으로 쓴 시이다. 어쩌면 정일근 시인도 이 시를 쓰던 그 당시 아무도 대신해 줄 수 없는 깊은 고립감을 느끼는 상황이었을 수도 있으며, 이 시를 쓰면서 그런 상황을 극복했을 수도 있겠다는 생각도 들었다.

불안했던 코로나19 팬데믹이 아직은 종결되지 않았지만 사정이 많이 좋아졌다고들 느껴 사회적 통제는 많이 풀리는 상황이다. 그러나 의료계는 아직 정상화되지 않은 상태로 보이며, 특히 호흡기 질환을 보는 몇몇 분과에서는 고전을 면치 못하고 있어 절실하게 해결책을 모색해야 하는 상황에 놓여있다.

그런 와중에도 봄은 오고 날이 풀려 나의 원고도 〈이비인후과 의사의 어지럼증 보고서〉라는 이름을 달고 출판되었다. 인터넷 서점에서 판매되고 있기는 하지만 주로 클리닉을 방문한 환자들이 대기실에서 읽을 수 있도록 비치해 두었으며 일부 어지럼증 환자들에게 무료로 증정하거나 빌려주고 있다.

이 책은 건강도서이므로 일반인들에게 어지럼증에 대해 충분히 이해시키고 있는가를 스스로 물어보았을 때 많이 부족하다는 생각이 든다. 그러면 우리 클리닉에서 어지럼증을 잘 치료하고 있다는 홍보에 효과적인 책인가 자문해 보면 매우 비효율적이라고 볼 수밖에 없다. 그렇다면 이 책 출판의 진정한 목적이 무엇이었는지도 애매해지고 의도한 바를 충족시키지 못한 책이라고 하지 않을 수 없다.

의도한 목적을 생각해 볼 때는 참으로 어색한 책이 되고 말았지만, 섬처럼 고립된 상황에서 스스로 구조신호를 보내듯이 나는 이 책을 썼고, 극심한 고립감에서 벗어나는데 분명히 도움이 되었다고 생각한다. 이번 출판을 경험 삼아 또 한 권의 책을 써볼까 하는 생각도 드는 것으로 보아 제법 심리적으로 기력을 회복시키는 치료 효과가 있었다고 볼 수 있다.

나는 섬처럼 고립된 상황에서 구조 요청하는 신호를 보냈고, 많은 사람들에게 신호가 전해지지는 못했지만 스스로 응답하며 고립감에서 벗어났다. 달리 표현하면 이 책을 쓰며 글쓰기 치료를 한 셈이다. 다산 정약용 선생이나 전 국세청장 선배의 경우도 같은 맥락으로 이해하고 있다. 그래서 새삼 깨달은 바 '글쓰기는 치료다'라는 사실이다. 고금을 막론하고 깨달음은 극심한 고립 상태에서 자신을 돌아볼 때 얻게 되는 것인가 보다.

홍영준

profile

서울 출생
서울의대, 동대학원 졸업(의학박사)
서울대학교병원 진단검사의학과 전공의 수료(진단검사의학과 전문의)
원자력병원장(전)
원자력병원 진단검사의학과 과장(현)

저 서 | 『공릉역 2번 출구, 그곳에서 별을 보다』
역 서 | 『과잉진단』
이메일 | clinchem@kirams.re.kr

시간을 건너 공간을 넘어

예나 지금이나 의사들 중에는 글 잘 쓰는 사람이 많다. 단편 소설과 희곡을 엄청나게 써낸 러시아의 안톤 체호프나, 자전적 소설 〈성채(Citadel)〉로 현대 의료윤리를 의과대학에서 가르치게 만든 영국의 A. J. 크로닌 같은 분들은 아예 의사에서 극작가나 소설가로 전업한 경우다. 그 정도까지는 아니지만 평생 의료인으로 진료 현장을 지키면서도 틈틈이 훌륭한 글을 써서 뭇사람들에게 좋은 영향을 끼치는 의사 수필가들도 주변에서 종종 볼 수 있다. 그런 멋진 탤런트를 유감없이 발휘했던 선배 의사 중 한 분으로 나는 고(故) 이장규 박사님을 꼽는다.

어릴 적 우리 집 서가에는 누가 샀는지 모르지만 〈속상한 원숭이〉란 제목의 수필집이 한 권 꽂혀있었다. 내과의사가 쓴

홍영준 153

글이라 병원의 흥미로운 에피소드들이 숱하게 등장했고 환자를 대하는 의사의 마음가짐 또한 문장 곳곳에 녹아 있었기에 이후 의대생과 전공의 시절 이따금씩 들춰보던 기억이 난다. 원자력병원에서 근무를 시작하고 나서야 나는 비로소 그 책의 저자인 이장규 박사님이 원자력병원 2대 병원장을 지내신 분이란 사실을 깨달았다. 묘한 인연이란 생각에 책을 다시 읽어보고 싶었으나 언제 잃어버렸는지 도저히 찾을 수가 없었다.

한동안 '그 원숭이가 왜 속이 상했을까' 하는 궁금증에 부실한 기억력을 탓하기도 했지만 시간은 빠르게 흘렀고 '속상한 원숭이'는 이내 내 관심에서 사라졌다. 그러다 이장규 박사님을 다시 떠올린 것은 몇 년 전 병원장을 하면서 우연한 계기로 한 의료계 신문에 에세이를 정기적으로 기고할 때였다. 한번은 역사를 소재로 글을 쓰다가 우리 기관의 역사이신 이 박사님을 인용하게 된 것이다. 마침 한국의사수필가협회에서 발간한 글모음에서 이 박사님 수필 몇 편을 발견한 게 계기가 되었다. 아쉽지만 그 선집에도 '속상한 원숭이'는 실려 있지 않았다.

기어이 옛날 그 원숭이의 속사정을 알게 된 것은 불과 얼마 전이었다. 모르는 분으로부터 내게 페덱스를 통해 미국 어바인에서 소포가 하나 도착했다. 그 속엔 오래된 책 두 권과 손으로 꾹꾹 눌러쓴 편지 한 통이 들어있었다. 나는 그 의아한 손 편지를 펼쳐 읽다가 밀려오는 감동으로 한동안 그 자리에서 꼼짝도 못 할 지경이 되고 말았다.

'홍영준 박사님, 저는 2대 원자력병원장을 지내신 故 이장규 박사의 차남 이민용입니다. 70년대 Juilliard 유학, 그리고 1982~2005년까지 서울시립교향악단에서 부악장으로 근무하다 미국으로 이주하게 되었습니다. 얼마 전 원자력병원에 대한 기사를 읽다가 우연히 박사님의 글을 접하게 되었습니다. 아쉽게도 〈속상한 원숭이〉는 찾지 못하였지만 대신 〈추억의 violin〉과 〈외상진찰〉을 보내드립니다. 감사합니다.'

미국 생활을 오래 하신 교포들이 흔히 그렇듯 이분도 '-읍니다'와 '-습니다', 또 '우연히'와 '우연희'를 혼동하고 있으셨다. 하지만 편지 내용에 깃든 따뜻한 진심은 그깟 몇 가지 맞춤법 실수가 흠집을 낼 수준이 아니었다. 범문사에서 출간한 〈추억의 바이올린〉은 1977년에 나온 책으로 세로쓰기가 되어있었고 책장은 모두 노랗게 바랜 상태였다. 〈외상진찰〉은 이장규 박사님이 돌아가신 이듬해였던 1986년에 그분이 내셨던 기존 수필집에서 일부 작품을 발췌하여 구성한 일종의 유고집이었다. 거기에 바로 책의 제목이기도 했던 수필 '속상한 원숭이'가 들어있었다.

'속상한 원숭이'는 스트레스로 인한 소화불량 이야기의 소재로 등장한 것이었다. 우리 속에 두 마리 원숭이를 넣고 전기를 통하게 하면 감전된 원숭이들이 괴로워서 펄펄 뛴다. 이때 둘 중 한 마리만 훈련시켜 전기 차단하는 법을 가르치면 오히려 책임을 다하느라 그 녀석만 위궤양에 걸리더란 실험이다. 이 박사님은 특유의 위트를 발휘하여 속상한 원숭이를 남편으로, 속 편한 원숭이를 아내로 비유하며 글을 맺는다.

원숭이가 속상했던 이유가 생각나지 않아 오래도록 답답하고 궁금했던 것에 비하면 내용이 단순해서 조금 아쉬운 마음이 들었다. 하지만 이장규 박사님의 오래된 수필집 두 권을 정독하면서 가장 크게 다가온 것은 아들, 특히 바이올린을 전공한 둘째 아들 '민용'에 대한 아버지의 지극한 사랑이었다. 위궤양 원숭이 이야기와 비할 게 아니었다.

둘째 민용은 어려서부터 바이올린에 재능을 보였다. 1969년 동아 콩쿠르에서 당당히 1등을 차지한 실력이었다. 이 박사님은 아들을 미국에 유학 보내기로 결심했고 민용의 나이 14살이던 1970년에 그를 홀로 뉴욕에 떠나보낸다. '눈사람'이란 제목의 수필은 이 시기 아들과 주고받던 편지들을 모아 그때의 절절한 가족애를 글로 옮긴 것이다.

영어도 서툴고 입맛도 한국 토종인 사춘기 아이가 힘든 미국 유학 생활을 견뎌내는 것도 대견하고 그 일상을 자주 한국의 가족들에게 세세히 편지로 전한 것도 참 기특했다. 아들 편지를 읽으면서 이 박사님 내외가 얼마나 아들 보고 싶어 눈물 지으셨을까. 미국에 눈이 내려 민용이 눈사람을 만들었다는 편지를 받은 날 서울에도 함박눈이 내렸다. 땅거미가 깔릴 무렵 아들 생각에 홀로 술잔을 기울이던 이 박사님의 뿌연 시야에

창문 너머로 민용의 모습이 보였고 급기야 아들 이름을 부르며 밖으로 뛰어나갔다는 이야기가 수필 '눈사람'이다.

나는 그 수필을 읽고 내게 날아온 이민용 선생의 손 편지를 다시 펼쳤다. 한 글자 한 글자에 얼마나 힘이 들어갔는지가 새삼 눈에 들어왔고 그 옛날 어린 민용 군이 아버지께 그토록 정성껏 써서 보냈을 편지가 연상되었다. 순식간에 수십 년 떨어진 시간과 수천 마일의 떨어진 공간이 뒤섞이는 느낌이었다. 시간을 건너 공간을 넘어 온기 충만한 가족 사랑이 전해온다. 시간을 건너 공간을 넘어 전해 온 글의 힘이다.

이민용 선생이 내게 보내온 소포에는 어바인 집주소만 적혀 있을 뿐 전화번호도 이메일도 없었다. 주신 책 감사하다고 카카오톡이라도 하고 싶었는데 마음을 고쳐먹었다. 나도 편지지에 만년필 꾹꾹 눌러가며 손 편지를 쓸 생각이다. 왠지 시간과 공간을 초월하는 어딘가에 영원히 보관될 것 같은 편지를.

이헌영

profile

경남 의령 출생
연세의대, 동대학원 졸업(의학박사)
세브란스병원 정형외과 전공의 수료(정형외과 전문의)
삼육 재활병원 의료부장, 구로구의사회장,
세브란스 동창회부회장 역임
세영정형외과·재활의학과 병원장(현)

저 서 | 『까치밥』, 『내고향 시골마을』,
『건강도 생활습관 질병도 생활습관』
시집 『강물은 꿈을 싣고 흘러간다』, 『여백이 있는 그림』
『오 아름다운 지구촌』 외 다수
주 소 | 서울시 금천구 남부순환로 1382
세영정형외과·재활의학과병원
이메일 | lhyoung11@hanmail.net

반백년 잘 자란 박달

"1973년 4월 3일 태어난 나는 이름 그대로 밝은 뜰에서 잘 자라 50살의 장년이 되었는데 소정 너는 왜 그렇게 쩔쩔매고 있어?"

박달회 50주년 책자에 내겠다고 글재주도 없으면서도 열심히 글을 썼는데 글을 저장해둔 USB가 분실되어 찾지 못하고 다시 마음을 가다듬어 기억을 되살려 쓴 글을 저장하려는 순간 81세가 된 필자의 손이 무엇을 잘못 눌렀는지 또 모두 사라져 버렸다. 그래도 다시 인내심과 기억을 되살려 적당히 글을 완성하고 e-mail로 출판사 박성주 사장님께 글을 보내려고 Daum을 열자, '카카오 개정으로 열기를 할 것이냐? QR 코드로 e-mail을 열 것이냐?'라고 물어왔다.

카카오 개정 비밀번호를 넣어보았지만 자꾸 틀린다고 나온다.

지난 2년간 코로나19로 음식점 등에 출입 시 QR 코드에 시달리던 아픈 경험이 있지만, QR 코드 사용법을 익혀보려고 시도해 보았다. 이것 누르고 저것 누르고 해 보았지만 잘되지 않아 결국 직원이 출근하기를 기다리기로 했다. 이렇게 컴퓨터에 익숙지 못하고 어쩔 줄 모르고 황망해 하는 필자를 보고 장년의 박달나무가 노년의 필자를 비웃는 소리다. 그리고 한마디 더 붙인다.

'지금까지 살아온 것을 은혜라 생각하고 지난날을 감사하며 사시오. 앞으로 4차 산업 시대가 오고 가상현실 속에 AI 도움으로 살 날만 남았으니 모든 것을 내려놓고 모든 것을 맡기고 후배들에게나 손자들에게 앞길을 물어가며 사시오,.!'

환웅이 하늘나라에서 내려와 신단수 아래에서 곰과 결혼하여 단군을 낳았다는 우리 민족의 탄생 설화 속에 나오는 그 신단수(神檀樹)가 박달나무라고 하니, 박달나무는 배달겨레의 혼이 들어있는 나무라고 생각된다. 그리고 우리 배달겨레의 배달은 박달에서 나왔다고 한다. 박달회는 단지 밝게 단단하게 자라라는 의미보다는 더욱 그 뜻에 깊이 민족혼이 스며있는 수필 모임이라는 생각이 든다.

박달회의 「초대 산파역」을 한 사람들은 모두 15인의 의사들로 강철영, 곽대희, 김광일, 맹광호, 박용철, 서광수, 소진탁,

송윤희, 유태연, 이규동, 이병화, 이순형, 이재구, 장여옥, 최신해 등이며, 내가 박달회에 가입한 「20주년 동인」은 김광일, 김석희, 김성태, 맹광호, 박양실, 소진탁, 서정돈, 신옥자, 유태연, 유형준, 이규동, 이헌영, 정동철 등이다. 「40주년의 동인」은 곽미영, 김숙희, 박문일, 유태연, 남상혁, 한광수, 유형준, 채종일, 이상구, 이헌영, 정준기, 조재범, 정동철, 최종욱, 홍순기, 홍지헌 등이며 「50주년 동인」은 곽미영, 김숙희, 박문일, 박종훈, 양은주, 양훈식, 유형준, 이상구, 이헌영, 정준기, 채종일, 최종욱, 한광수, 홍순기, 홍영준, 홍지헌 등이다.

모두 의사이니 의료계에 각자의 역할을 하고 있으면서 시인, 수필가, 대학 총장, 대학교 이사장, 의무감, 의사협회 회장, 병원장, 성악가, 국회의원, 화가, 벨리댄스 등 의사의 직업을 겸해 다양한 직업과 취미생활을 하는 분들이 많다. 내가 박달회에 가입하기 전부터 관계가 있고 기억에 남는 몇 분을 소개하면서 옛날을 추억해 본다.

박달회의 이름을 지으신 최신해 박사는 한글학자 최현배 님의 아드님으로 청량리 뇌병원을 개설하신 분이다. 소진탁 교수는 나의 은사이시고 아내 수수와의 결혼 주례를 서 주신 분이다. 제주도 사상충 연구 조사 시 나도 참여했다. 김광일 교수는 생명경외클럽 선배이시고, 박용철 교수님은 내가 정형외과 전문의 수련 중 이대 동대문 병원에 파견 나가서 갑자기 충수염에 걸렸을 때 수술을 해주신 분이다. 김석희 동인은 세브란스 인턴 동기로 시인이며 벨리댄스도 하고 성격이 쾌활하여 장수하리라 믿었었는데 회갑 전후 해외여행에서 급사하였다. 아까운 인재였는데 미인박명인가!? 한광수 박사님이 서울 해군병원 병원장으로 계실 때 서정돈 동인은 내과 과장으로 나는 정형외과 과장으로 한 원장을 모시고 친밀하게 지내왔다. 서 박사는 그 후 성균관대 병원장을 거쳐 성균관대 이사장을 오래 한 분이다.

박달회 20주년일 때 나는 구로구의사회장으로 몇 편의 글을 의사신문에 기고하고 있었다. 그때 의사신문 기자였던 홍태숙 씨가 내 글을 수정해 준 것이 인연이 되어 박달회 20주년에 나를 박달 회원으로 추천해 줘 지난 30년 동안 재주 많은 수필 동인들의 틈에 끼어 국어 점수가 G선상에서 헤매던 내가 매년 몇 편의 글쓰기 공부를 하고 있다. 홍태숙 씨는 그 후 주양자 선생님이 국회의원이 되셨을 때 그분의 보좌관이 되었다. 그 당시는 종합병원이 많지 않아 많은 의원들이 교통사고, 산재 등 입원환자가 많아 개인의원 19베드는 턱없이 부족해 의원들은 이 규정을 무시하고 불법 입원시키고 있던 때였다. 나는 구의사회장으로 이를 29베드 정도로 현실화시켜 달라는 법 개정 청원을 한 것이다. 이법 개정에 주 의원과 홍 보좌관이 노력해 줘 입법이 되었다. 내가 청원하여 성사되었지만 커피 한 잔도 못 사드린 것이 지금도 미안하고 그녀를 통하여 글쓰기를 시작했고 박달회 회원까지 되었는데 감사 표시도 못 한 내가 부끄럽고 죄송함을 이 자리를 빌려 사과드린다.

지나간 박달회의 책 제목들은 바로 박달회가 어떤 수필 모임인지 잘 알 수 있어 이를 엮어 〈박달 50년 장타령〉을 만들어 여러분께 소개한다.

박달 50년 장타령

이헌영

못다한 말이 있어(1)
화요일 밤의 얼굴들(2)로 만나니
우물 안의 의생들이 우물 밖의 개구리(3)가 되어
서로를 두들기면 도는 팽이(4)
장군 멍군(5) 하며 노는 동안
덕(6)이 쌓인다

아이는
팔전 칠기(7)
꿈 꿈 꿈(8)을 꾸며
머루랑 다래랑(9) 먹고
달마다 해마다(10) 자란다

잊을 수 없는 사람들(14)
말죽거리에서 만난 사람들(11)은
한양에서의 과거 급제를 꿈꾸며
술잔에 담은 세월(12)
이제는 진실을 말할 때(13)

절에 있는 원숭이(16)는
갓길에 서서(19)
바람의 발자국(15)을 따라
생명 축제에(17) 참여하여
환타지아(18)를 꾸다보니
어언 박달 스무해(20)

박달나무가 있는 언덕(21)에 올라
쉼표를 찍는 삶의 여유(23)를 가지고
영혼과 삶의 자화상(24)을 돌아보지만
이 풍진 세상을(25) 살아가다 보면
받을 뿐 언제나 빈손(22)

세기의 길목에 서서 (26)
올라와 내려다보니 결국 그 자리(27)
징검다리 인생(28)에서
무한 속의 작은 단상(29)을 하며
네가 온다는 밤에(30)
땅 끝에 서서(32) 너를 기다린다

매어있으메(31)
보이지 않는 거울(33)
아름다운 해후(34)를 기도하며
여백과 침묵(36) 속에서
영혼의 산책(35)을 한다

낙엽을 기다리며(37)

은하수를 끌어오다(38) 보니

듣고 싶은 대로(41) 들어왔지만

때로는 흔들리며(42) 그래도

꽃이 피네, 꽃이 지네(39) 하는 동안

박달 나이 마흔(40)이 되었네

삶의 미학(43)을 음미하며

향기 있는 진료실에서(44)

기억의 색깔(45)을 더듬으며

꿈 이야기(46) 하는 동안

우리는 말없이 등을 기대고(47)

허물을 벗어놓고(48)

느린 걸음으로(49) 걷다 보니

이제 박달나무는 튼튼하게 자라 50살의 장년이 되었네!

2023년 9월 30일 당진에서 昭汀 李憲永

※참고
밑줄친 부분은 수필집 이름,
(   )안 숫자는 수필집 순서

조재범

profile

1969년 8월 1일생
1995년 경희대학교 의과대학 졸업
2002년 가정의학과 전문의 취득
2007년 의사수필동인 박달회 회원
성애병원 가정의학과(현)

의학에서 시작된 일본의 근대화

일본인들에게 가장 존경하는 역사적 인물이 누구냐고 질문하면 세 명의 인물이 반드시 들어간다. 오다 노부나가, 도요토미 히데요시, 도쿠가와 이에야스 이 세 사람은 우리나라와도 인연이 있는 유명한 인물들이다. 이전의 일본이 조선과는 비교할 수 없을 정도의 미개한 국가였다면 이들의 등장 후 일본은 통일이 되고 부국강병의 길을 걷게 된다. 그러나 일본이 부국강병의 길을 걷게 된 것은 이들의 능력이라기보다는 조선에서 조총이라 부르는 철포의 등장 때문이라고 나는 생각한다.

1543년 포르투갈 상인에게서 전래한 철포라는 총에 의해 일본의 전쟁 양상은 변하게 되고 가장 먼저 철포의 중요성을 안 오다 노부나가에 의해 일본은 통일의 길을 가게 된다. 포르투갈

상인이 팔고 간 총 두 자루 때문에 일본의 역사가 바뀌게 된 것이다. 이후로 일본은 외부 문물을 적극적으로 받아들이게 된다. 구교 국가였던 포르투갈의 종교적 강요 때문에 포루투갈과의 관계가 멀어진 일본은 신교 국가인 네덜란드와 적극적인 교역을 하게 된다. 당시 네덜란드를 화란이라 불렀는데 이 네덜란드에서 건너온 학문은 난학이라 하여 일본인들이 적극적으로 받아들이게 된다. 초기 난학이 전파되는데 적극적인 역할을 한 사람들이 일본의 의사들이었다. 네덜란드를 화란이라고 하기도 하고 오란다(네덜란드의 가장 큰 지방인 Holland의 일본식 발음)라고 부르기도 했는데 이 의사들을 오란다류 의사라고 불렀다.

난학의 선구자이자 일본 근대 의학의 개척자로 인정받는 일본의 위대한 위인이 있다. 스기타 겐파쿠라는 인물인데 그는 아버지를 따라 의사가 되어 일본 한 지역의 영주인 번주의 주치의가 되었다. 평소 인체 해부에 관심이 많던 그는 에도의 형장에서 사형수들의 해부에 참여하게 된다. 당시 일본에 전해진 의학 서적들은 중국과 조선에서 건너온 책들인데 그 책들에 그려진 오장육부와 실재 해부한 사형수의 장기 모양이 달라 많은 궁금증을 갖게 된 겐파쿠는 당시 네덜란드에 개항한 나가사키에서 한 해부학 서적을 만나게 된다. 독일에서 출판한 타펠 아나토미아의 네덜란드 버전인데 자신이 해부한 사형수와 타펠 아나토미아의 도해가 일치하여 큰 충격을 받고 책 구입을 자신의 번주에게 요청한다. (당시 의사가 구입하기에는 너무 비싼 서적이었다.) 네덜란드어를 전혀 모르는 스기타 겐파쿠는 네덜란드어를 조금이라도 할 수 있는 마에노 료타쿠라는 나카쓰 번의 의사와 같은 번의 후배 의사인 나카카와 준안을 만나 타펠 아나토미아를 같이 공부하고 해체신서라는 일본의 근대 해부학 책을 발간하게 된다. 마에노 료타쿠와는 그리 친하지 않았는데 어느 날 사형수 해부에 참관한 마에노 료타쿠가 타펠 아나토미아 책을 갖고 있어 스기타 겐파쿠는 자신이 들고온 타펠 아나토미아 책을 보여주며 둘은 손을 맞잡고 감격하여 함께 해부학 공부를 하게 된다. 지금도 그렇지만 당시에도 뜻이 같은 동료를 만나는 건 큰 감동이었다. 그들이 만나서 한 얘기는 지금도 기록에 이렇게 남아있다.

「오늘 실제로 본 인체 해부는 참으로 하나하나가 놀라움이었다. 그것을 지금까지 모르고 있는 것이 부끄러운 일이다. 적어도 의술로서 서로가 주군님을 모시는 몸으로 그 바탕이 되는 인체의 진짜 구조를 모른 채, 지금까지 하루하루 이 업을 해왔다는 것은 면목이 없는 일이다. 어떻게 해서든 오늘의 체험을 바탕으로 대략적이나마 인체의 진짜 구조를 판별하면서 의술을 행한다면 이 업에 종사하고 있는 변명이라도 될 것이다.」

스기타 겐파쿠에서 시작된 난학은 많은 일본 사상가들에 영향을 주었고 특히 후쿠자와 유키치에게 큰 영향을 주어 메이지 유신이 일어나는 계기가 된다. 후쿠자와 유키치의 '탈아론'이란, 아시아를 벗어나 서양을 닮아야 한다는 것으로 스기타 겐파쿠에서 시작된 난학이 그 근본이다.

외부 문물 수용에 적극적이었던 일본은 조선에도 통신사를 요청하였고 조선은 약 500여 명으로 이루어진 각 분야의 전문가들로 통신사를 꾸려 일본에 파견하였다. 그들 중 당연히 의사들도 여러 명 포함되었다. 일본 의사들은 조선의 의사들에게 오장육부의 위치에 대해 질문하였고 성리학적 사상으로 해부에 대해 부정적인 조선의 의사들은 직접 시체를 칼로 열고 해부하여 위치를 찾는 것보다는 칼로 열지 않고 알 수 있는 것이 좀 더 현명한 방법이라는 답변을 하였다. 조선 통신사로부터 인쇄술을 배운 일본에는 수많은 서점이 생겼지만 나쁜 외래 서적들을 통제했던 조선은 망할 때까지 서점이 한곳도 생기지 않았다. 통신사를 통해 일본에서 얻은 것은 구황작물인 고구마가 전부였다.

조선에 근대 의학은 언제 시작되었는지 관심을 갖고 찾았을 때 만난 인물은 의외의 위인들이었다. 1800년 박제가는 포천의 현령으로 재직 중 정약용이 은둔 중인 경기도 마현에 방문하였다. 당시 정약용은 청나라 의서인 종두방을 보고 있었는데 그 책은 박제가도 알고 있던 책이었다. 박제가는 다른 책들도 참고하여 정약용과 인두법에 관한 책을 저술하였다. 이 책을 보고 이종인이라는 의사가 선비들에게 인두법을 시행하여 큰 효과를 얻었고 그는 민간에 인두법을 보급하기 위해 책을 내기도 하였다. 이미 영국에서는 제너가 우두법을 내놓은 상태였지만 조선에서는 우두법 보다는 부작용이 심한 인두법이 청나라 서적을 통해 보급되기 시작했다. 박제가와 이종인의 사망 후 종두법도 사라졌지만 정약용은 '마과회통'을 다시 편찬하며 에드워드 제너의 우두법을 청나라를 통해 입수하여 첨부한다. 그러나 우두법은 1879년이 되어서야 조선에 시행되었다. 지석영이 일본해군 소속 의원에서 종두법을 배워 조선은 천연두에서 벗어나게 된다. 지석영은 독립협회 회원으로 활동하기도 하고 이토 히로부미 추도식에서 추도문을 낭독하기도 하였다. 2003년 과학기술부에서 '과학기술인 명예의 전당' 15인에 선정되었던 지석영을 제외했다. 친일파란 이유였다.

  현재 일본화폐 만 엔에는 후쿠자와 유키치의 초상이 있고 천 엔에는 노구치 히데요라는 의사의 초상이 그려져 있다. 2024년 일본화폐는 바뀌게 되는데 새로운 도안에도 천 엔에는 키타사토 시바사부로우라는 의사의 초상이 실리게 된다. 일본에서의 의학자는 단순한 직업적 의미 이상의 일본을 개화시킨 지식인의 모습이 있다. 우리나라의 의학자는 아직 그런 대우를 받기에는 이른 시기로 보인다.

채종일

profile

부산 출생
서울의대, 동대학원 졸업(의학박사)
한국건강관리협회 회장(전)
세계기생충학자연맹(WFP) 회장(전)
서울대학교 명예교수(현)
대한민국 의학한림원 종신회원(현)
한국과학기술한림원 종신회원(현)
메디피스 이사장(현)

저 서 | 「우리 몸의 기생충 적인가 친구인가」, 「임상기생충학」 외 다수
이메일 | cjy@snu.ac.kr

나의 세 분 스승님

나에게는 의과대학 재학 시절부터 여러 분의 스승님이 계셨고 내가 평생 전공해 온 기생충학 분야에만 해도 최소한 세 분의 스승님이 계신다. 서병설 교수님, 임한종 교수님, 그리고 이순형 교수님이다. 두 분은 이미 돌아가셨지만 이순형 교수님은 건강하게 잘 계시며 인제학원 이사장을 맡고 계신다.

서병설 교수님

서 교수님은 내가 의대(본과) 학생 시절부터 가장 존경해오는 분으로 1972년 10월 학생 강의실에서 처음 뵈었고 그 후 본과 2학년 때(1973년) 동아리 활동 중 주말 진료지역 주민들에 대한 대변검사를 내가 담당하게 되어 현미경 관찰 등을 기생충학교실에 부탁드려야 하는 상황이 생겨 교수님을 뵙고자 찾아간 것이 사적인 만남의 시작이었다. 그때 교수님은 빙그레 웃으시면서 "그래, 자네가 현미경 검사를 직접 한번 해 보는 것은 어떨까?" 하셨다. 속으로 "아이고, 어쩌지? 내가 기생충 알(충란) 진단을 정확히 해낼 수 있을까?" 생각했지만 겉으로는 용감하게 "네, 해 보겠습니다!"라고 답을 드렸다. 기생충학교실에서 현미경을 보면서 모르는 것들이 나오면 조교 선생님께(강신영 교수님으로 기억된다) 여쭙고 하여 그럭저럭 검사를 잘 마쳤다. 이 일이 향후 내 전공을 기생충학으로 결정하게 되는 중요한 계기가 될 줄은 그때는 전혀 몰랐다.

본과 4학년이 되어 선택의학 과목에서 기생충학(담당: 서병설 교수)을 선택하고 한 달간을 기생충학교실에서 지냈는데(학생 10명이 신청) 이 과정은 내가 졸업 후 기생충학 전공을 최종 결정하게 되는 결정적인 계기가 되었다. 이 선택의학 과정 중 일어났던 일들은 지금도 기억에 생생하다. 매일 아침 8시(또는 9시)에 서 교수님께서 직접 학생들에게 강의를 해 주셨는데 나는 동아리 활동에다가 친구들과 술도 자주 마셔 아침에 지각하기 일쑤였고, 교수님의 명강의에도 나는 강의 시간 절반을 꾸벅꾸벅 졸기도 하여 무척 창피했던 기억이 난다. 교수님은 이때 나를 좋은 학생으로 생각하지 않으셨을 것 같다. 현지 실습을 하는 편이 좋겠다고 하여 간흡충의 세계적인 유행지였던 김해 낙동강 유역을 방문하였다. 교수님이 직접 수로(水路) 아래로 내려가 왜우렁(간흡충의 제1중간숙주)을 채집하시고 우리에게 보여 주셨는데 그 모습은 학자로서 그리고 교수님으로서 무척 존경스러웠다. 물고기(제2중간숙주)는 그물을 쳐서 잡아온 어부에게서 구입하였고, 주민들의 대변도 수거하여 서울로 운반하였다.

교실로 돌아와 현미경 검사와 뒷정리를 모두 잘 끝냈는데 조교 선생님이 이번 결과를 논문으로 한 번 써 보면 어떻겠냐고 하셨다(지금 생각하니 서 교수님의 뜻이었던 것 같다). 학생들은 이구동성으로 나를 지목하면서 대표로 논문을 쓰게 하였다. 나는 간흡충에 관해 발표된 역학 논문 몇 편을 도서관에서 찾아 복사한 후 참고하면서 난생처음 의학논문을 작성하게 되었다. 완성된 논문을 교수님께서 보시는데 한눈에 죽~ 훑어보시고는 다행히 "수고 많았구먼!" 하시며 만족해하시는 것으로 보였다. 학생이 이 정도 쓴 것만 해도 대견하다는 뜻이었을 것이다. 아무튼 이 모든 일이 졸업 후 나를 기생충학 전공으로 이끌게 되는 일련의 과정이 되었다는 것을 나중에야 깨닫게 되었다.

서 교수님과의 인연은 이렇게 시작되었고 졸업과 동시에 조교로서 매우 가까이에서 모시면서 강의와 실습을 보좌하였고 기생충학이라는 학문에 대해 배우게 되었다. 조교 4년을 보내면서 가장 기억에 남는 일 중 하나는 교수님의 교과서 〈최신

임상기생충학(1978년)〉 출판을 도와드린 일이다. 오래전에 출판된 〈임상기생충학(1961년)〉은 한자가 매우 많이 사용되어 학생들이 읽기에 적합하지 않았고 이번 개정판에는 한자를 대부분 한글로 바꾸는 작업과 옛날식 한글도 학생들의 수준에 맞게 현대적인 표현으로 바꾸는(예; '하얏다'는 '하였다'로) 작업이라 매우 힘들고 시간도 많이 소요되었다. 그러나 이 작업은 내가 책 한 권을 처음부터 끝까지 모두 읽고 내용을 확인하면서 고치고 필사한 것이라 나의 기생충학 지식을 탄탄하게 해 주는 계기가 되었다고 생각한다. 이 경험을 살려 18년 후 이순형 교수님을 모시고 〈임상기생충학 개요(1996년)〉를 출판하였고, 또 15년 후에는 내가 주 저자가 되어 〈임상기생충학(2011년)〉을 출판하였다.

  서 교수님은 학생 강의에 있어 명강의로 이름난 분이었다. 무척 재미있는 이야기를 해 주시면서도 본인은 전혀 웃지 않으셨는데 그 모습은 학생들을 더욱 재미있게 하였다. 그림을 순식간에 흑판에 그리셨는데 가령 모기 한 마리를 불과 몇 초 안에 날개와 다리까지 다 그리시고 모기의 침샘에 들어있는 말라리아의 포자소체나 사상충의 3기 유충을 그 옆에 그리시는 등 놀라운 그림 솜씨를 보여 주셨다. 교과서에 나오는 모든 그림도 서 교수님께서 직접 그리신 그림들이다. 우수한 논문도 많이 발표하셨는데 〈한국의 말레이사상충증〉은 이 분야 연구를 하는 후학들에게 훌륭한 길잡이가 되었고, 〈이형흡충류에 대한 종설〉은 내가 '장흡충증'을 평생의 세부 전공으로 택하게 되는 중요한 길잡이가 되었다.

서 교수님은 서울의대 정년 1년을 남기고 조기퇴직 한 후 인하의대 학장으로 가시게 되었다. 그 후 폐암에 걸려 고생하시다가 만 70세를 조금 앞두고 그만 돌아가셨는데 너무 일찍 돌아가신 점 때문에 늘 마음이 아프다. 젊은 시절 이후로는 전혀 담배를 태우지 않았음에도 폐암에 걸리신 것은 나를 비롯한 여러 교실원들이 교실에서 뿜어대던 담배 연기에 의한 간접흡연의 결과는 아니었는지 무척 송구스럽기도 하다.

임한종 교수님

임 교수님은 서울의대 졸업 후 서울의대 기생충학교실에서 조교수까지 지내셨고, 그 후 고려의대로 옮겨 기생충학교실을 창설하셨다. 고려의대 정년 후 명예교수로 계시다가 2년 전 노환으로 돌아가셨다. 나와 임 교수님의 첫 만남은 내가 본과 2학년일 때 고려의대로 막 옮겨가신 임 교수님이 '간흡충증'에 대한 출강을 오셨을 때였다. 학술적이면서도 당시 우리나라의 간흡충 유행 상황을 명쾌하게 설명해 주시는 점에 크게 감동했던 기억이 있다. 사적인 첫 만남은 대한기생충학회 학회(봄학회)에서였던 것으로 기억된다. 서울의대 기생충학교실에 남게 되었다고 인사를 드리니 따뜻하게 맞아주셨던 기억이 난다.

그 후 학회 때마다 늘 만나 뵐 수 있어 좋았다.

그런데 2년 정도 지났을까? 내가 경기도 화성군에 사는 한 주민으로부터 이전고환극구흡충(*Echinostoma cinetorchis*) 성충을 국내 최초로 검출하였고 그 지역에서 역학조사를 하던 중 미꾸라지로부터 피낭유충을 발견하게 되어 이 충체의 중간숙주까지 찾았다고 신나 해 하며 학회에 보고한 일이 있었다. 그런데 임 교수님께서 이에 대해 이의 제기를 하신 것이었다. 성충과 피낭유충이 같은 종이라는 증거가 부족하다는 말씀이셨다. 잠시 당황했던 나는 좀 더 검토하겠다고 답을 드린 후 교실로 돌아왔는데 임 교수님의 지적이 맞을 것 같은 예감이 들었다. 결국 참고문헌들을 찾아 다시 면밀히 검토해 보니 미꾸라지에서 나온 피낭유충은 다른 종인 호르텐스극구흡충(*Isthmiophora hortensis*)이었던 것이다. 이 경험은 나로 하여금 극구흡충류의 진단이 매우 까다롭고 어려운 분야라는 점을 인식하게 해 준 매우 중요한 계기가 되었다.

이 일로 인해 임 교수님에 대한 존경심은 점점 커지고 있었다. 그러던 중 1995년 3월 한국건강관리협회(건협)의 새 회장이 되신 임 교수님은 중국과의 기생충관리 국제협력 프로젝트를 구상하시면서 나를 최초 협상단 3인 중 한 사람으로 초청하셨다. 임 교수님, 한인수 부장님(건협), 그리고 나 세 사람은 베이징(北京)과 상하이(上海)를 1주일간 방문하였고, 상하이기생충병연구소의 Feng Zheng 박사와 구체적인 논의에 들어가게 되었다. 이 과정에서 놀란 것은 임 교수님의 배포가 매우 크시다는 것을 알게 된 점이었다. 당시 건협의 예산은 그리 넉넉지 않았고 딱히 중국과의 국제협력사업에 투자할 예산이 마땅치 않다는 점을 나는 이미 알고 있었기 때문이었다. 그런데 임 교수님은 매년 2~3억 원 정도, 즉 5년 동안 총 10~15억 원에 달하는 예산을 머릿속에 그리고 계셨고 이를 Feng Zheng 박사에게 넌지시 제안까지 하셨다. 나는 임 교수님이 도대체 무슨 생각을 하고 계신 걸까 하며 초조한 마음이었다. 그러나 후에 알게 되었지만 임 교수님은 한국국제협력단(KOICA)에 국제협력사업 예산을 신청할 계획이었고(이미 어느 정도 진행되고 있었던 것 같다) 극히 일부만 건협의 사회공헌 예산(국제협력사업)을 사용할 생각이었던 것이다. 결과적으로 임 교수님의 구상은 크게 성공하였고, 중국 사업은 10년 넘게 매우 성공적으로 진행되었다.

중국 사업이 성공적으로 진행되면서 임 교수님은 건협의 기생충관리 국제협력사업을 라오스에까지 확장(2001년) 하고자 하셨다. 나는 마침 1995년과 1998년 두 차례 세계보건기구(WHO) 초청으로 현미경 검사자 트레이닝 코스의 강사(전문가)로 이미 라오스를 방문한 일이 있어 기쁜 마음으로 임 교수님을 모시고 라오스의 비엔티안과 팍세 등을 방문하였다. 이렇게 시작된 건협의 중국, 라오스 국제협력사업은 캄보디아, 미얀마 사업으로 계속 이어졌고 지금의 탄자니아, 수단 및 카메룬

주혈흡충 관리사업으로까지 확대되었다.

건협 회장직을 내려놓으신 임 교수님은 2006년부터 (사)굿 네이버스의 이사직을 맡으면서 탄자니아의 기생충 관리사업을 태동시키셨다. 특히, 빅토리아 호수의 코메섬(Kome Island)에 만손주혈흡충(*Schistosoma mansoni*)이 크게 유행하고 있다는 사실을 발견하셨고 이 섬의 주혈흡충 관리사업을 추진하신 일은 나를 비롯하여 을지의대 민득영 교수님, 충북의대 엄기선 교수, 연세의대 용태순 교수 등에게 큰 감동을 주었다. 그리고 '이 작은 섬만이라도 주혈흡충 없는 곳으로 만들어 보자!'는 교수님의 열망은 지금까지도 건협 국제협력팀에 의해 지속되고 있다.

나는 임 교수님이 국제협력사업을 진행하시는 모습을 가까이에서 지켜보면서 많은 점을 배우게 되었다. 특히, 인맥들을 적재적소에 잘 활용하셨고, 대상국 파트너들에 대해 무한한 신뢰와 폭넓은 이해를 보이셨으며, 어려운 일이 닥쳐도 끝까지 잘 인내하셨던 점 등에 크게 감동하였다.

이순형 교수님

이 교수님은 나의 본과 1학년 때 기생충학 강의에서 처음 만나 뵈었고 본과 2학년 때는 동아리 활동으로 기생충 검사를 하러 교실로 찾아갔을 때 잠시 뵈었던 기억이 있다. 그러나 교수님은 곧 중앙의대로 진출하셨다. 그래서 제대로 된 사적인 만남은 내가 기생충학교실에 조교로 남은 후 인사드린 1976년 3~4월이었던 것 같다. 몇 년 후 교수님은 서울의대로 돌아오셨고 그로부터 50년 가까운 세월을 지척에서 모시면서 동고동락해 온 나의 멘토이자 학문적 및 인간적 스승이시다.

나의 학생 시절 이 교수님은 강의실에서 무척 재미있는 강의를 해 주신 분으로 학생들 사이에 인기가 높았다. 기생충 형태를 설명하는 슬라이드 사진 사이사이에 미국 연수 다녀온 사진을 몇 장씩 보여 주셨는데, 함께 연수 가셨던 어느 해부학 교수님의 어린 자녀 사진을 보여 주시며 "누굴까요?" 하고 물으니 한 학생이 "Larva(유충)"라고 하여 온 교실이 터져나갈 듯 웃음바다가 된 일도 있었다. 학생들이 찾아가면 구수한 파이프 담배 냄새를 풍기며 온화하게 맞아주셨고 따뜻한 말씀을 많이 해 주셔서 학생들이 가장 선호하는 교수님이었다.

이 교수님은 미국 튤레인대학에서 열대의학을 공부하고 돌아오셨는데 기생충의 생물학적 특성보다는 열대의학적 측면에서 병원체로서의 역할과 공중보건학적 중요성에 대해 많은 관심과 지견을 가지고 계셨다. 연구도 주로 기생충을 실험 감염시킨 후 숙주에 나타나는 병리, 병변과 숙주의 면역 반응 등에 주안점을 두었다. 기생충의 대사 등 생화학적 특성 연구에도 많은 기여를 하셨다. 병원에서 수술 또는 생검 후 나온 환자의 조직 표본에서 기생충이 발견되면 병리학교실의 지제근 교수님(작고)과 함께 정확한 진단을 위해 늘 최대한의 노력을 기울이셨다. 간이 무척 커져 있는 소아의 간모세선충증(hepatic capillariasis), 지속적인 설사로 몸무게가 86kg에서 43kg으로 줄어든 중년 남성의 장모세선충증(intestinal capillariasis), 해외 거주 중 간과 비장이 커져 돌아온 환자의 내장리슈만편모충증(visceral leishmaniasis) 등을 정확히 진단하셨다.

이 교수님께 가장 큰 감동을 받았던 일 중 하나는 내가 유재란 교수(건국의대 교수; 당시 서울의대 조교로 근무)와 함께 전남 신안군 출신 환자에서 참굴큰입흡충(*Gymnophalloides seoi*)을 세계 최초로 발견하고 1,000마리 가까운 성충을 성공적으로 회수한 후 충체 이름을 붙이고 후속 연구를 수행할 때였다. 충체 형태가 우리에게 너무나 생소했고 참고문헌을 두루 찾아봐도 정확히 똑같은 충체를 찾을 수 없어 신종(新種)임을 확인했는데 이 과정에서 높은 학문적 안목과 견해를 보여 주셨기 때문이다. 나는 이 충체가 일본 동경 만(灣)의 굴에서 1925년에 보고된 적이 있는 *Gymnophalloides tokiensis*(피낭유충 상태로만 발견됨)의 성충일 가능성을 배제할 수 없다고 생각했다. 이 분야의 세계적 석학인 캐나다의 Hilda Ching 박사도 같은 의견을 보내왔기에 더욱 그렇게 생각했다. 그러나 이 교수님은 "채 선생, *Gymnophalloides tokiensis*의 성충이 발견된 적이 있었나요?" 하고 물으셨다. "아니요, 성충이 발견된 기록은 없었습니다"라고 답을 드리니 "그러면 우리가 발견한 충체는 성충이고 일본에서 보고된 것은 유충인데, 이 둘이 어떻게 같은 종이라고 속단할 수 있겠어요" 하며 "둘 사이에 혹시 미세한 차이라도 있는지 좀 더 살펴보십시다"라고 하셨던 것이다. 그런데, 아니나 다를까? 일본의 그 유충은 저정낭이 한 개의 주머니로 되어 있고 복흡반과 복측 홈(ventral pit) 사이에 위치하고 있음에 비해 우리 충체는 저정낭이 두 개의 주머니로 되어 있고 맹관과 복측 홈 사이에 위치하고 있어 이는 큰 차이로 볼 수 있고 신종으로 제창할 수 있을 정도였다. 그리하여 드디어 1993년 이 충체를 신종으로 보고하기에 이르렀다.

그리고, 충체의 이름을 정하는 과정에서 교수님의 인간적인 면모를 확인할 수 있었다. 충체의 이름을 어떻게 지을까 고심하던 중 교수님의 스승이시기도 한 서병설 교수님의 영문 성 Seo를 따서 *Gymnophalloides seoi*로 하자고 강력히 제안하셨기 때문이다. 기생충학자들은 자신의 이름(성)이 기생충의 이름으로 사용될 경우 평생의 큰 영광으로 생각한다. 이에 나도 전적으로 이 교수님의 제안에 동의하였다. 서병설 교수님께서 암으로 투병하실 때 이 기생충이 신종이라는 사실과 서 교수님의 Seo를 충체 이름에 붙여 드리기로 했다는 점을 말씀드렸을 때 매우 기뻐하시던 모습이 지금도 눈에 선하다.

이 교수님은 학문적 안목 외에도 글을 매우 잘 쓰시는 훌륭한 재능을 가지셨다. 의사동인 〈박달회〉와 〈수석회〉의 회원으로 활동하시면서 여러 편의 수필을 발표하셨고, 단독 수필집도 여러 권 출간하셨다. 신문이나 잡지에도 무수히 많은 글을 발표하셨다. 나는 이 교수님의 이런 재능이 무척 부럽고, 존경스러웠으며, 그러면서 점점 닮아가는 길을 걷게 된 것 같다. 부끄럽지만 나도 신문에 칼럼을 조금씩 써 왔고, 〈박달회〉의 회원이 되었으며, 수필집도 몇 권 발간하기에 이르렀다. 요즈음 이 교수님은 청각 기능이 많이 떨어진 점을 제외하면 건강하신 편이며 만나 뵈면 "주린 귀신은 먹여야 되지", "닭을 닭장으로 넣으려면 거꾸로 막아 못 들어가게 하면 되지" 등등 특유의 유머와 덕담을 들려주셔서 늘 즐겁고 감사한 마음이다.

의사수필동인 박달, 前

회고

인술이 거론되던 시대 〈박달회〉 발족

김지연
한국소설가협회 명예이사장

50년 전.

필자는 30세 전후의 여기자였다. 서울시의사회에서 발행하는 타블로이드판 18면, 주2회 발간하는 의학전문지의 취재부 차장으로 서울대학병원, 경희의료원, 한양의료원이 주 출입처였다. 일주일에 4일간 취재하여 2일간 신문사에서 기사 작성을 하는데, 매주 2백 자 원고지 80매 정도는 써야 했다. 적지 않은 기사 분량이었다.

당시 취재부장의 출입처는 보건사회부로 행정적 기사가 중심적이었고, 대학병원은 학술기사가 주류였다. 새로운 수술법, 희귀 질환 케이스 보고, 신의료기기 도입, 계절에 따른 질환 경향 등이었다.

위내시경이 서울대학병원에 처음 도입될 때 최규완 내과

과장의 도움을 받아 환자의 위(胃) 속을 처음으로 들여다보았던 기억이 있다.

당시 필자는 이미 신춘문예 당선과 현대문학지의 추천을 받은 신예 소설가였다. 그래서 유독 의사들의 글솜씨, 문학에 소질있는 분들에 대해 관심이 많았고, 결국 편집회의에서 신문 18면(끝면)을 의사문예란으로 만들 것을 발의하여 당시 5개 의학전문지 중 처음으로 「의사신문」에 「닥터 문예란」이 만들어졌다.

문예란이 만들어지기 전부터도 필자는 시간에 여유가 있으면 청량리 뇌병원(원장, 최신해)과 광화문의 원자력병원(원장, 이장규), 서봉 김사달 선생의 개인의원을 찾곤 했다. 그들은 빼어난 의사 문필가들이었고 필자를 극히 반가워해주었기 때문이다.

세 분의 글 중 특히 최신해 원장의 글을 많이 받아 게재했고, 청량리 병원으로 자주 찾아가 점심때는 짜장면과 병원의 묵은 김치, 그리고 낚시를 좋아하던 원장에게서 얼려놓은 붕어 선물을 자주 받았던 기억이 새삼 새롭다.

당시 소진탁, 강석영, 유태연, 김광일, 이규동, 이순형, 맹광호 선생님들과 성의학 칼럼으로 유명하던 곽대희, 의사 성악가로 불리어지던 박성태 선생의 글도 게재했다. 그때의 의사와 사회 간에 잘 거론되던 이슈는, 「인술(仁術)이 산술(算術)이냐」로 당시만 해도 「인술」이란 단어가 부정적이든 긍정적이든 의료계에 많이 거론되었다.

「의사문예」란이 가끔 공석일 때는 유명 작가(최인호 등)들의 의료와 관계된 수필을 받아 싣곤 했다. 무엇보다 필자가 최신해 원장께, 글 쓰는 의사들의 모임을 만들어보시라 권유했던 점이, 새삼 이제 와서 우쭐해진다. 당시 김사달 박사 등 몇 분의 의사들이 가끔씩 어울리고 있음을 알았지만, 정식 조직의 형체를 갖춘 모임은 없었기에, 최 원장님도 솔깃한 관심을 보였던 것 같고, 이후에 가장 적극적으로 주선하시지 않았나 싶다. 필자도 더불어 의사신문 등 당시 전문지에 자주 글을 쓰던 의사문필가를 열심히 추천해 드렸다.

조직 당시의 구체적 일정은 기억나지 않지만, 모임의 이름이 〈박달회〉라 하여 왜 그리 딱딱하냐, 박달 방망이처럼 탄탄하라는 뜻이냐, 문학적 분위기가 아니라는 말을 했던 기억도 있다.

그때만 해도 침묵이 금(金)이라고 하던 시대, 히포크라테스의 인술(仁術)이 거론되던 시대인 만큼 당신이 아는 만큼 열심히 말하고 싶고, 질환과 환자의 마음을 함께 읽어 완벽한 의사가 되자는 세속적인 목적보다, 타고난 문학적 재능이 어쩔 수 없이 그들을 뭉치게 한 동기였을 것이다.

분명치 않지만 조직의 중심에 섰던 최신해 원장보다 당시 가장 연장자셨던 이제구 교수님을 초대 회장으로 모셨던 게 아닌가도 짐작하고 있다. 어떻든 조직을 권유하며 적극적으로 산파노릇을 했다는 기억 때문에 총무 홍선생님과 김숙희 회장님의 전화를 받곤 진정 너무나 반갑고 고맙기까지 했다.

"세상에 50년을…"

미련스럽고 우직스러운(?) 진정 문학을 사랑하는 의사들 아니면, 가능하지 않은 일이라 생각했다. 지금은 문단에 정식 등단한 의사 수필가만이 1백 명에 가깝다고 한다. 훨씬 더 많을 수도 있다. 그러나 의사문필가의 효시는 단연코 〈박달회〉가 초석임은 숨길 수 없는 사실이고, 50주년을 크게 축하드리면서 기꺼이 1백 년까지 이어지길 간절히 기원해 본다.

유태연

제36집
〈여백과 침묵〉(2009)

profile

1936년 서울 출생
서울대학교 의과대학 졸업, 의학박사, 피부과 전문의
경희대학교 의과대학 교수, 을지병원피부과 과장, 대한피부과학회 이사장 역임
전 유태연피부과의원 원장

쇼스타코비치 교향곡 제5번 D단조

「감상 노트」

　20세기의 가장 위대한 작곡가들 가운데 한 사람인 쇼스타코비치의 교향곡 제5번 D단조, 작품 47은 오해와 오해가 뒤엉켜 듣는 이들에게 커다란 혼란을 야기하는 곡이다.

　내가 이 곡을 처음 접하게 된 것은 1954년 여름으로 기억한다. 당시 자유당 시절, 반공의 물결이 온 나라를 뒤집어 삼키던 때였던지라 무지한 권력 관료들에 의하여 웃지 못할 에피소드도 심심찮게 횡행하던 시대였다. 예를 들어 차이코프스키가 적성국 소련 사람이라 하여 국영 방송에서조차 그의 작품을 방송하지 못하게 하던 공보처의 고위 관리가 큰소리를 치던 때였으니 말이다.

　그런데 스탈린상까지 수상한 쇼스타코비치의 작품, 그중에서도 소비에트 혁명 20주년 기념일용 식전(式典) 음악으로 선정된 이 작품을 듣는 것만으로도 반공법에 걸려 감옥에 갈 수도 있는 갈등의 시대에 그래도 이 곡을 들을 수 있었다는 것만으로도 행운이었다는 생각이 든다.

당시 음악 애호가들의 집합 장소였던 '르네상스'라는 음악 감상실이 지금의 인사동 입구에 있었는데, 주인이신 박용찬 선생께서 가끔 이 곡을 틀어 주셨다. 78회전의 SP판이 주종이던 시절에 음질이 뛰어난 33회전의 LP판으로 듣는 이 곡의 감동은 참으로 대단한 것이었다. 그 시절, 우리끼리는 쇼스타코비치를 그냥 소 선생(蘇先生)이라고 줄여서 호칭했다. 그의 이름이 너무 길기도 하려니와 혹시라도 누군가가 알아들을까봐 장난삼아 그런 호칭을 썼던 것이다.

1934년 오페라 '므첸스크의 맥베스 부인'을 발표하고 나서 소 선생은 〈프라우다〉지(紙)로부터 사회주의 리얼리즘을 배신한 형식주의라는 혹독한 비판을 받았다. 알다시피 스탈린의 독재 치하에서 한번 찍히면 어떻게 되는지를 잘 아는 그로서는 목숨을 건 재기의 투쟁을 할 수밖에 없었을 것이다. 그리하여 전력을 다하여 만든 작품이 바로 교향곡 5번이다.

이번에는 〈프라우다〉지로부터 대단한 찬사를 받으며 실추되었던 명예가 회복되었다. 게다가 소비에트 혁명 20주년 기념일의 식전 음악으로까지 선정되고 보니 그간의 고초가 사라지게 된 것이다. 그때 이 곡에 붙여진 이름이 무시무시하게도 '혁명'이었다. 훗날 소 선생은 자신이 자아비판을 했던 소위 형식주의가 과연 무엇을 의미하는 것인지 아직도 알지 못한다고 회고했다.

표현의 자유가 완전히 박탈된 공산 독재 국가에서 살아갈 수밖에 없었던 한 예술가의 고뇌가 어떠했는지 6·25를 겪어 본 나로서는 이해가 가고도 남는다.

그런데 문제는 여기서부터 시작된다. 이 곡이 과연 볼셰비키 혁명을 높이 찬양히는 곡인가 하는 데 대한 의구심이 일어나기 때문이다. 음악은 시나 소설 또는 회화에서 나타나는 객관적 직설성보다는 상징성이 매우 강하기 때문에 듣는 사람에 따라 해석이 달라질 수도 있는 최고의 형이상학적인 예술이라고 할 수 있다. 같은 음악을 듣더라도 각자의 느낌은 다를 수가 있는 것이며 어떻게 느끼든 그것은 각자의 자유다.

나는 이 곡을 수십 차례 정청(精聽)했다. 처음 볼셰비키적 선입견을 갖고 들었을 때는 제정 러시아의 혹독한 차르를 혁명으로 무너뜨리고 인민들이 지유와 행복을 쟁취하게 된다는 시나리오에 뜯어 맞추어 보곤 했다. 그러나 반복하여 자꾸 듣다 보니 그런 해석에서는 제1악장에서부터 제4악장까지의 연계가 부자연스러워 보였다.

만일 제1악장이 볼셰비키 혁명을 표현한 것이라면 제2, 제3악장이 어울리지 않는다. 적어도 팀파니로 두들겨 패는 남성적이고 웅장한 Tutti(총주)로 이어 갔어야 어울릴 것 같은 기분이다. 3/4박자의 부드럽고 아름다운 춤곡 같은 제2악장은 맞지 않을 것 같다. 더구나 가슴을 후벼 파고 스며드는 명상적이고도 깊은 슬픔에 가슴이 미어지는 제3악장이 12분 넘게 연주되는 것은 이 곡의 모티브를 제시하는 제1악장과 더불어 가장 심혈을 기울여 작곡한 것으로 보이는데, 곡의 분위기가 볼셰비키의 난당과는 전혀 맞아떨어지지 않는다. 생각다 못해 나는 나름대로 악장마다 제목을 붙여 보기로 하였다.

제1악장: Moderato-Allegro non troppo(혁명)

현악기로 표현되는 인민들의 비탄, 공포, 억눌림, 몸부림, 그리고 현악기의 절규, 비명, 수시로 몰려오는 공포의 저음, 그것은 제정 러시아군의 털신에서 나는 소리가 아니고 소비에트 공산 독재의 가죽 장화에서 나는 소리로 들린다. 여기에서 소 선생의 희망이 표현된다. 성난 민중이 공산 독재자를 뒤엎고 무찔러 궤멸시키고 진군하여 승리하는 클라이맥스를 힘찬 팀파니의 합주로 표현하고 있다. 이어 평화의 종소리가 울리면서 이 악장은 끝이 난다.

이런 연유로 소 선생이 사회주의 리얼리즘에 충실하게 작곡한 것인지 아니면 공산 체제에 대한 반체제적 생각으로 작곡한 것인지에 대한 논란이 아직도 끊이지 않고 계속되는 것 같은데, 대다수의 의견은 반체제적 입장을 지지하고 있는 듯하다. 공산 독재에 대한 인민의 혁명, 단 한 악장으로 공산 독재를 처단해 버렸다.

제2악장: Allgretto(승리를 쟁취한 인민들의 기쁨과 춤)

기쁨에 넘친 소련 인민들의 기쁨, 안도, 희망의 춤. 피치카토(pizzicato)가 정말 아름답다.

제3악장: Largo(진혼곡, Requiem)

이 악장은 진혼곡이라는 곡명 이외에 갖다 붙일 다른 제목은 있을성 싶지 않다. 공산 혁명 중에, 그리고 혁명 후의 레닌, 트로츠키, 스탈린 치하에서 고통받은 사람들, 감옥이나 시베리아의 강제 노동수용소 등에서 학대받다 죽어간 수많은 억울한 사람들의 영혼을 위로하기 위하여 가장 심혈을 기울여 쓴 악장이다. 정말 아름다우며 슬픔과 탄식과 위로가 뒤섞인 가슴 찡한 악장이다.

오보에의 슬픈 흐느낌, 클라리넷의 위로, 1악장 주제의 재현, 시벨리우스(Sibelius)의 곡 '투오넬라(Tuonela)의 백조'가 비치는 명계(冥界), 오열, 염원, 명상이 짜여 있는 눈물로 얼룩진 한 폭의 비단이라면 어떨까.

제4악장: Allegro non troppo(승리와 도약)

혁명에 성공한 민중의 행진이 씩씩하다. 기쁨이 가득 찬 멜로디, 그리고 총진군. 소 선생은 그의 조국 러시아의 발전, 도약 그리고 약진과 평화를 기리며 승리의 진군의 나팔을 불면서 곡을 마쳤다.

소 선생은 이 곡에다 아무런 표제를 달지 않았다. 자신의 본심을 숨겨야 했기 때문일 것이다. 이 곡에 대해서 당과 〈프라우다〉지가 극찬을 아끼지 않으며 실추된 그의 명예를 회복시켜 준 것은 매우 이례적인 일이다. 실상은 그들이 속았거나 아니면 속은 척하고 위대한 소련의 작곡가인 소 선생의 안전을 보장해 준 것인지도 모른다. 왜냐하면 이 곡을 계속 듣다 보면 앞서 기술한 바와 같은 장면들이 눈에 보이는 듯한 감정을 바로 느낄 수 있기 때문이다. 음악의 성격상 표제음악(programme music)으로 분류하는 것이 옳을 것 같지만 자꾸 듣다 보면 너무나 선명한 장면과 소리가 들리기 때문에 오히려 스케치 음악(sketch music)이라 해야 옳을 것만 같은 생각이 든다.

그런데 당이나 〈프라우다〉지의 전문가들이 이 교향곡을 듣고 작곡자와 음악의 속마음을 몰랐을까. 그럴 리가 없었을 것이라 나는 생각한다.

소 선생은 이 교향곡에 이렇다 할 아무런 표제나 부제를 붙여 놓지 않았기 때문에 해석은 분분하겠지만 음악성이 뛰어난 데다 작곡자를 보호하기 위해 속아 준 것이라 생각할 수밖에 없다.

이 곡은 1937년 예프게니 므라빈스키(Jewgenij Mrawinskij)의 지휘와 레닌그라드 필하모니의 연주로 초연되었고, 지금 내가 듣고 있는 디스크는 41년이 지난 1978년 비엔나의 뮤직 훼라인의 대연주회장에서 초연 때와 같이 므라빈스키가 지휘하고 레닌그라드 필이 연주한 실황을 멜로디아 원작 녹음으로 일본 빅타 레코드가 제작한 것이다. 소 선생의 작곡 의도가 가장 잘 표현된 명반이라 한 번쯤 들어 보기를 권하고 싶다. 이 교향곡을 듣는 분들에게 미흡하나마 참고가 되기를 바라는 마음 간절하다.

정동철

profile

서울대학교 의과대학 졸업(1960), 의학박사, 신경정신과 전문의
서울의대 외래교수, 한국임상 성학회 창립회장, 여성의전화 창립위원
정동철신경정신과의원 원장, 해암병원장, 지성병원 대표원장
방송, 강연, 일간/주간 월간지 다수 연재,

저 서 | 『정동철의 사람 보기』, 『여성의 정신건강』, 『사랑과 성 그리고 감동』, 『삶의 디딤돌』 등 다수

내가 「청춘」?

　　　　　　　　　　　어제다. 둘째 딸, 외손자 때문에 빠지고 다 모였다.

　아들이 예약한 남한산성 백숙집 너무 좋았다. 오리와 닭백숙이 좋았다는 것이 아니다. 그렇게 모여 웃고 마음 튼 사이 중(曾)외손녀(한 살)를 중심으로 웃고 떠들며 흥겹던 시간, 문밖 가을 산속의 우거진 나무 속을 뚫어지게 바라보며 말하기보다 듣는 것이 한결 돋보여 좋아서였다.

　이심전심, 지지난 주인가 아내에게 산성(山城) 백숙을 먹으러 가자고 했었다. 가을 단풍도 돌아보면서... 아내는 안 된다 했다. 좋지 않은 몸으로 운전하고 간다는 내가 무리라는 것이었다. 그 낌새를 어떻게 알았는지 바로 그 집은 아니나 그 주변 백숙집으로 예약한 것은 며느리, 아들의 의견 따라 결정한 것이란다.

놀랐다. 거기 도착 주차하는 순간, 뒤미쳐 며느리와 맏딸의 차들이 동시에 주차를 했다. 같이 출발해도 어려운 일, 인천과 분당에서 각각 이렇게 일심동체?

인천 병원에서 출발, 그때 내가 운전하리라 마음 짚었지만 아들 자신이 운전한다고, 불가피 옆자리에 앉았다. 참으로 내가 거기 앉을 일은 거의 없었다. 병원에서 남한산성까지 결국 시원하고 뿌듯한 드라이브를 한 셈이다.

차를 샀을 때 아들이 뚜껑을 열고 친구들 드라이브 모임에 끼어 운전했던 기억, 십 년은 족히 훨 지난 얘기다.

"옛날 생각나겠네?"
"그래요......"

전날 낮 11시, 별로 보지 않던 TV, 어떤 뉴스가? 키고 보니 「서울의 청춘」이란 다큐. 강남역을 중심으로 테헤란로 뒷길 번잡한 먹자골목, 그리고 크고 작은 회사들, 역시 높고 낮은 빌딩 사이로 여기가 서울인가 놀라 끄지 않았다. 외국? 하기사 외국과 한국의 구분이 사라진 지 제법 됐기에 놀란 내가 오히려 이상한 셈, 거기 남녀 20대 청춘의 분주한 일거리며 미묘한 동선들, 그리고 변두리에서 버스 출근하는 무리들의 생생한 모습, 거침없는 희망과 어려움 쏟아내는데 실감 너무 컸다. 100억이 목표라는 어떤 친구, 되고 안 되는 것은 지금 일이 아니니 뛰어간다는 것. 투잡에 숙박인지 혼숙? 소름 돋는 칼날 같은 오토바이 라이딩은 기본 배달은 필수다. 약간의 술기가 어린 숙녀, 대학생? 고등학생? "할 거다. 엇나갔지만 내일은 달라질 거다." 버스에 오르면서 던진 말 무슨 뜻일까? 겁 대신 당당하다. 마치 서울이 공연장이라도 된 듯싶다. 하기사 항저우 아시안 게임에서 지고 이기는 건 둘째, 대결하며 싸우는 그것이 즐겁고 행복하다는 젊은이들 희망적이다. 때에 '분리수거 댄스'란 것이 잠실을 들썩이듯 나의 대학 시절이 갑자기 끼어들었다. 아들에게 처음으로 말했다.

대학 생활, 지금의 젊은이들 못지않았다는 밑밥, 타이프라이터 학원을 세 친구와 운영하다 망했지. 경기-이화 여고생들이 등하교 지나는 세종회관(당시 없었다) 뒷길에 도넛 빵집 역시 망하고, 카이즈(당시 역시 없었다) 옆 뚝방길 아래 연탄공장도 망했다.
어느 날인가 친구들과 술 마시고 남산에 올라 서울을 내려다보았지. 각자 거기 나의 집은 언제 어떻게 어디에 떠들썩, 그 뒤 늦은 저녁 집으로 거나한 가운데 울적, 돈, 돈, 돈하며 울먹이던 생각 잊을 수 없군. 1957년 후반쯤의 얘기.
의과대학생이라 가정교사 알바로 밑천 챙기고 보태 시작, 망한 것 너무 아팠다. 한데 미도파도 없던 시절 아르바이트-당시 처음 만나 춤추는 곳의 별칭- 춤추러 다니고, 여길 가나 저길 가나

여자들 왜 그리 밀착 따라붙는지……

　연말, 한국은행 옆 소공동 입구 2층 다방을 통째로 빌려 크리스마스 올나이트 20여 명의 파티, 물론 절반은 여자들. 흥겨운 술기운, 중간에 친구 하나와 명동 성당에 들려 기도하는 객기. 이어 망년회, 신년회로 익숙해진 그녀들 처음 인기 한 친구에, 그러나 결국 나에게로 쏠렸지… 의대생이라서? 모를 일…

　의대를 다니며 난 결코 청진기를 끼고 살지 않겠다는 결심, 공부를 죽어라 했을 리 없지. 의과대학 동기들과 깊이 어울리는 것보다 고등학교 동창들과…

　"왜 청진기를 안 끼고 살 거라 결심하셨어요?"
　아들(정신과 의사)의 질문이다.
　"공과대학이 목표였지, 집에서 굶고 살 일 있냐며 극구 말리는 바람에 의대로 갔던 탓인가…?"

　본과 4학년, 각 과를 8명이 그룹이 되어 돌며 실습, 마침 정신과(精神科) 병동, 교수님이 나를 지목 대표로 환자와 내키는 대로 상담을 해 보라고, 친구들의 놀람 못지않게 스스로 익숙한 소통에 자신도 깜짝 쾌재, 아! 이거구나, 바로 청진기 없이 할 수 있는 의사, 결심의 샘물이 출렁거린 출발점이었네. 일체감 너무 컸던 것, 알다시피 지금은 너의 입원 환자를 회진하면서 평소 가운에 청진기는 반드시 끼고 다니지. 5명의 자네 또래 정신과 의사들 지니지 않는 청진기, 그래선가, 환자들 중엔 남녀노소 떠나 특히 청춘들 나의 생일까지 잊지 않고 있지. 왜일까? 양자(量子) 우연? 거창하군.

아들에 남길 더 깊은 내용 무궁무진 그러나 차가 산성(山城) 안길로 들어서자 더 할 얘기는 멈춰졌다. 다만 망한 이유, 비즈 일선에서 활발한 대면(對面) 영업활동을 할 수 없었던 게 큰 이유였을 것. 청진기를 끼고 살지 않을 작정이라 했지만 국가시험에 합격하기까진 출석률과 연 4회 쿼터 시험을 통과해야 낙제를 면하지. 결국 영업장에서 손발로 뛸 시간의 한계, 틈틈이 나가면 주인으로서가 아니라 의과대학 뱃지(당시 유행)가 농담의 대상, 돈벌이에 격이 빗나가 벌 수 없었던 셈이지. 망할 수밖에. 그런 훗날 무슨 유명인사 반열에 오르내린 것, 우연만은 아니었을 것, 바로 전문의(專門醫) 구두시험과 웃기지만 양자(量子)물리학(物理學)의 비국소(非局所) 상관관계(相關關係)와 멋모르고 얽혔지 싶었으니까...

서울의대 정신과 교실에서 보게 된 전문의 시험, 그 결과를 알려준 것은 2년 후배 그곳 교수, 연말 동문 모임에서 아내에게 알렸다. 전문의 시험 수석이었다고. 각 대학교수들의 특성 따라 분야를 달리한 1 대 1 송곳 질문에서 다소 특별났다는 것. 빙관 위

자빠지기 십상 잔뜩 얼어 답하기 급급한 형편에 나는 시험관 교수들과 토론을 유도했던 것, 답하기도 버거운 형편에 토론? 인생사 망한 경험들, 그리고 숱한 여성의 속심 알아차리기에 이르렀던 체험들, 마치 복잡 미묘한 양자(量子)의 중첩(重疊)과 도약(跳躍)을 통해 어렴풋 엉터리 양자얽힘이란 주변을 스치게 된 걸 거라고, 물리(物理) 선택이 문제였을 것이다.

대학입시 5개월 전 폐결핵 진단(오진), 등교(登校) 불가로 휴학, 물리학원에 다니다 의대 입학원서를 제출했다. 담임은 즉석에서 본인과 학교를 위해 반대 안 된다고. 고집은 물리선택과 함께 꺾이지 않았다.

결국 백운대 좁은 공간 바위에 숨을 몰아쉬는 틈 사이 "여기 정동철 왔어…".

수군수군 듣기 거북한 유명인으로까지 격상되었다. 어딜 가나 같은 현상, 종로 거리는 걷기도 싫었다. 나의 의원(醫院)이 거기 있었기에 피할 길도 없었다. 옛날 뒤엉키니 곧 나의 인생사였던 셈.

산성(山城) 안은 예전 그대로다. 가을의 흔적 나무 위엔 아직 오지 않았다.

끝나 사진을 찍고 오는 길, 결국 며느리 새로 산 차 뒷좌석에 아내와 함께 올라타고 아들은 나의 2인승 스포츠카의 뚜껑을 열고 따랐다. 얼마나 즐겁고 흐뭇했던지... 나의 생일을 위해 모여 백숙을 즐기는 사이 며느리 미국의 큰 손녀 내외 불러내 영상 전화, 손녀 부부 뉴욕이란다. 할아버지 생신 축하한다고, 손주사위 카네기 홀에서 협연하기 위해–둘은 첼리스트, 샌디에이고에서 왔다는 것, 밤이란다. 뉴욕인지 밤인지 여기 식구들과 구분이 되지 않았다. 아내와 더불어 우리는 모두 한 몸? 즐겁고 흐뭇한 생일 파티였다.

아들의 일상, 뚝뚝하지만 속내는 나와 같은 족속(族屬), 며느리 남달리 앞서가는 재치 고마울 뿐이다. 큰딸의 외손녀 재롱으로 웃기는 사이 그녀의 외할아버지 곧 큰 사위(정형외과 의사) 전화, 축하드린다고...

칠 년 만의 외출! 오후 3시까지 모임에 견딘 건 폐암 수술 후 처음이다. 뒤따를 호흡곤란과 뻑뻐근할 전신근육통은 감수할 작정이었다.

집이다. 부엌 창 넘어 판교로 430, 남한산성을 뒤로한 탄천 하탑교를 내려다본다. 버스와 자가용 뒤엉킨 사이의 오후, 배달 오토바이 쉼표가 없다. 달리고 또 내달리는 청춘들, 킥보드와 자전거 어디나 있어 걸릴 것 없는 청춘들, 그런가? 모든 것 너무 씽씽하다. 나는 청춘이 아니다. 그만큼 아쉬움만 커간다.

"당신 가슴보다 내가 더 처녀처럼 몽실몽실 탱탱하지?"

정동철

"그래요. 당신 말 인정해요. 그러나…"
아내의 속셈은 다르다. 팔다리의 힘 나 휠 미치지 못함을 알고 있어서다. 언제나 한참 뒤따라가야 한다. 더욱 현재가 아니라 미래를 생각했을 것이기에…

때에 그「힘」이란 정체가 이상해진다. 선한 마음엔 이악한 언행이 없다 함을 배웠건만 일부 기득권의 이기적 힘이 넘쳐흐르는 듯 울렁거린다. 쥔 권력으로보다 강한 힘을 위해 탄핵을 만지작거리곤 한단다. 참일까? 내가 답할 차례다. 선악은 상대적이다. 아내가 말한 힘엔 삶과 죽음이 얽혀있다. 빅뱅(Big Bang)은 사실이든 아니든 참일 거다. 일부 언론과 법조계마저 편향적 권력 뒤에 자유를 빌미로 숨어있는 듯 아리송하다. 머지않아 산성은 울긋불긋 물들 것이 확실하다. 이 자명한 답을 몰라 모처럼의 즐거운 시간을 빼앗기며 엉뚱한 곳을 향해 헤매야 하는 걸까? 허전하다. 어쩐다? 그나저나 답은 알기나 할까?
그래서다. 어떤 청춘들 분명 파릇파릇 싱싱하건만 어찌 된 영문인지 나처럼 늙은이도 아닌 터에 방구석으로 기어들기만 한다. 왜, 왜일까?

지성병원, 해암뇌의학연구소
2023. 10. 16

맹광호

제24집
〈영혼과 삶의 자화상〉(1997)

profile

서울 출생
가톨릭대학교 의과대학 졸업, 의학박사, 예방의학, 산업의학 전문의
미국 존스홉킨스대학교 연수, 하와이보건대학원 졸업
가톨릭대학교 의과대학 예방의학교실 교수, 학장, 한국역학회 회장 역임

멋에 대하여

나는, 신학자이며 저술가인 「폴·틸리히」를, 그가 너무 종교적이란 점만을 빼고는 무지무지하게 좋아한다는 작가 한 사람을 알고 있다.

얼마 전 그는 「정독(精讀)을 요함」이라는 단서까지 달아 그의 한글번역판 설교지 한 권을 내게 보내왔는데, 오늘날 인간은 아주 막다른 골목에 이르러 외롭고 쓸쓸한 존재가 되었다는 것과 여기서 인간을 구해낼 뿐 아니라 인간적 도전까지를 가능하게 하는 것은 하느님의 실재에 대한 깨달음이라는 내용의 이 책은, 그의 의도대로 내게 굉장한 감명을 주었다.

내가 이 일을 그의 〈의도대로〉라고 한 것이나 그가 「폴·틸리히」를 〈무지무지하게〉 좋아한다고 말 한데는 그럴만한 이유가 있다.

그것은 그가 이미 이 책을 정독했을 뿐 아니라 나의 동감을 구하기라도 하듯 여기저기 줄을 긋고 또 자신의 의견까지도 조금씩 달아놓기까지 한 점에 있는데 그가 써넣은 글은 모두가 감탄사였던 것이다.

예컨대 「폴·틸리히가 친구라면!」이라든지 「기가 막히게 좋은 말!」 또는 「틸리히가 차라리 신학자가 아니었다면...」 등등의 짧은 주석들은 나에게 책 내용에 대한 통상적 이해 이상의 관심을 불러일으키기에도 충분했을 뿐 아니라 그가 「폴·틸리히」를 얼마나 좋아하게 되었는지를 단적으로 표현한 것이었기 때문이다.

더구나 「폴·틸리히」의 〈세속적인 것과의 비타협성〉에 대해 붙여준 「아 멋져!」라는 외마디 찬사는 이 두 가지를 가장 잘 나타내 주는 것이었다고 할 수 있다.

나는 단지 이렇듯 멋은 글 속에서도 찾아낼 수 있다는 말을 하기 위해 「폴·틸리히」라든가 어느 작가를 들추어 낸 것은 아니다.

그보다는, 만나보지도 않은 「폴·틸리히」를 그의 글을 통하여 멋있다고 말할 수 있는 전말(顚末), 예컨대 멋이란 그 대상이 되는 것과 그것을 멋있다고 느끼는 사람 사이에 존재하는 객관성과 비객관성(주관성)의 조화라고도 할 수 있다는 말을 하기 위해서이다.

말하자면 멋이란 그 대상이 사람이건 물건이건 또 글이건 말이건 관계없이 멋으로서의 객관적 조건을 갖추어야 할 뿐 아니라 그것을 멋으로 느끼는 사람의 주관성, 예컨대 견식이 존재해야 멋으로 느껴진다는 말이다.

이제까지 우리는 많은 사람들이 멋에 대해서 얘기했거나 글로 표현한 것을 보아왔다.

그러나 그 대부분은 멋 그 자체를 어휘적으로 정의하려 했거나 그 멋의 대상이 되는 것에 대해 「이래야 멋이 있고, 저러면 멋이 없다」라고 얘기함으로써 지나치게 멋의 객관성을 강조한 듯한 인상이 짙다.

가령 멋을 「현실적이고 속세적인 이해관계를 떠난 풍치와 여유」라든가 「멋이란 자연과의 일치 내지는 자연에의 동화」라고 한 말, 그리고 멋이란 「무엇인가 격식에서 벗어나고 틀에 박힌 질서를 깨뜨리는 데 있다」라고 한 사전적 정의 같은 말들이 그것이다.

이렇듯 멋이란 것은 이렇게도 말할 수 있고 저렇게도 말할 수 있다는 점 자체가 객관성 위주의 정의를 불가능하게 하는 것이라 할 수가 있다.

그래서 「리차드·러트」 같은 사람은 그의 〈풍류 한국〉이란 책에서 「멋이란 아름다움도, 산뜻한 것도 아니고, 풍치스러운 것만도 아니지만, 이 여러 가지 개념과 관련해서 무슨 매력을 풍기고 있는 것」이라고 했는지 모른다.

말하자면 멋이란, 대부분의 사람들이 그것을 멋으로 느끼지 못하는 데도 불구하고 그것을 멋이라고 우길 수 있는 그런 성격의 것은 아니다.

멋은 차라리 어떤 것을 멋으로 느끼게 되는 개인의 주관에 더 관심을 두고 정의되어야 할 일이며, 이 경우 어떤 것을 멋있다고 느끼는 개인적 주관은 따로 견식의 유무와 그 질적 차이에 있다고 보아야 할 것이다.

견식은 절대로 학식과는 다르다.

원래 견식이란 임어당(林語堂)의 말처럼 애증에 대한 판단력을 뜻한다. 따라서 학식은 있으되 판단력 즉 견식이 없는 경우는 멋에 대한 느낌이 우러나질 않는다.

견식은 말하자면 판단의 독자성, 즉 용기를 동반하는 것이다. 그러므로 견식이 있는 사람은 가령 어느 시인이 당대의 가장 인기 있는 시인이라 해서 함부로 그 시인에게 호감을 가질 수 있는 것이 아니다.

대체로 멋이 주관적이라고 할 수 있는 이유는 견식의 질적 차이에 있다.

「폴・틸리히」의 사상을 좋아할 것인지 싫어해야 할 것인지에 대한 판단 없이 학식으로만 받아들이려 했던들 그의 사상은 예의 작가에게 멋의 대상이 되지는 않았을 것이 분명하다.

이 경우 그의 사상을 좋아하되 얼마나 좋아할 것이냐가 바로 멋의 정도를 판가름하는 것은 물론이다.

이런 까닭으로 멋을 느낄 줄 아는 사람은 곧 멋있는 사람이라고 했는데, 이것은 견식 자체가 매력을 수반하는 이유와도 같은 것이기 때문이다.

모든 사람은 멋있게 살고 싶은 욕망을 가지고 있다.

그 「욕망이 아름다움과 참됨을 동경하고 갈망하여 또 이를 실천해 보이려는 것이면 그것이 곧 멋」이라고 한 어느 시인의 말이 생각난다.

그러나 멋있게 살고 싶은 사람이 견식이 부족함으로 해서 멋을 느낄 줄 모른다면 그것은 헛된 욕망에 지나지 않는 것이다.

옳고 그름, 사랑해야 할 것과 미워해야 할 것에 대한 판단력-견식-을 쌓는 것이야말로 멋있는 것을 멋으로 느끼게 되는 것이며 또 멋있게 세상을 사는 것이 아닌가 하는 생각을 해본다.

박성태

제19집
〈갓길에 서서〉(1992)

profile

경남 진주 출생
서울대학교 의과대학, 의학박사, 외과전문의
새서울의원 원장
전 국회의원
한국문인협회 회원, 한국수필가협회회원, 한국성악회이사(테너), 한국펜클럽회장
저 서 | 『앉아서 꿈꾸는 삶』, 『소야곡』, 『인정의 햇살이 불탈 때』, 『보디타임』 외 다수

나와 演奏會

다른 사람들에게 최상 최선의 감정을 효과 있게 전달할 수 있는 것 중 음악만 한 것이 또 있을까? 분명히 음악은 인간의 정서생활에 있어서 「알파」이자 「오메가」이다.

바둑이나 낚시 등 뚜렷한 취미가 없는 나에게 있어 음악이라도 있었다는 것이 얼마나 다행인지 모른다.

「예술은 인생의 빵은 아니지만 포도주이다」라고 「볼」이 이야기하였다. 마음이 울적하고 짜증스러울 때 음악을 듣고 있으면 언짢은 기분이 눈 녹듯 사라진다. 나는 듣고 싶은 연주회가 있으면 만사 제쳐놓고 가본다. 나의 음악에 대한 열애(熱愛)는 중·고등학교 때부터 이미 시작되었다.

「리차드 터커」의 독창회를 듣기 위해 멀리 밤열차를 타고 갔던 기억이 생생하다. 또 의대 재학 시에는 온종일 고전음악 감상실에서 밤늦게까지 버티고 앉아 있던 일도 보통이었다.

이러던 중 나는 언젠가 음악을 통하여 내 자신의 영혼과 좀 더 가까이 대할 기회를 가졌었다. 지난 10여 년 동안 나는 평소 내가 즐겨 부르던 「이태리 가곡」과 「오페라 아리아」 등을 묶어 4회의 「헌혈 권장을 위한 자선 테너 독창회」를 가졌었다. 이 조그만 행사를 통하여 나는 비로소 예술이란 것이 내부 생명의 연소로서 재현하지 않으면 안 된다는 것과 연주의 어려움을 실감하였다.

가끔 당시의 녹음테이프를 듣는다.

불만투성이다. 청중들은 내 연주의 훌륭함보다는 그 열의에 더 성원을 보냈을 것이라고 생각해 본다.

방한하는 대가들의 연주회 일정이 닥쳐 오면 며칠 전부터 마음이 들뜬다. 그러나 일단 연주장에 들어서면 기분은 착 가라앉고 압박감에서 해방된다.

사람들의 얼굴은 빛나 보이고 눈들은 꿈꾸듯 반짝인다. 또 몸짓도 모두 정중하다.

장내는 성장한 여인들이 뿜는 향내로 진동하고 차츰 기대감으로 술렁거리기 시작한다. 뜨거운 시선과 귓속 대화가 한창인 연인들도 있다. 어느덧 애국가가 연주된 뒤에 본 연주가 시작된다. 잔기침이나 왁자지껄하던 말소리도 그치고 실내는 찬물을 끼얹은 듯 긴장의 분위기로 바뀐다.

감미로운 선율이 전신의 구석구석을 가볍게 전율시키면서 청중의 넋을 빼앗는다. 어떤 때는 숨도 크게 못 쉴 정도의 벅찬 감동에 압도 당한다. 곧이어 우레 같은 박수 속에 공감의 환희를 만끽한다. 그래서 「비엔나 필하모니」의 아바도 연주에서는 오묘한 예술의 조화미를, 「런던 심포니」의 「앙드레 프레빈」 연주에서는 슬픔과 고통이 융해된 예술의 깊이를, 테너 「코렐리」와 「스테파노」와 「겟다」의 연주에서는 아름다운 청춘의 영원한 향훈을, 소프라노 「테발디」와 「마리아칼라스」의 연주에서는 화려한 예술의 유혹과 불꽃을, 鄭京和의 연주에서는 예술의 섬세한 기교와 정열의 꽃망울을, 金永旭의 연주에서는 보다 순수하고 원숙한 예술의 감각을 「빈소년합창단」의 연주에서 절묘한 화음의 멋을 느끼게 된다.

그들은 천부의 재능을 순수한 생명력의 표현을 통하여 불멸의 미로 승화시킨다.

위대한 연주의 화음 속에는 인간생활에서 보는 미움이나 불화가 없다. 또 데탕트의 위장(僞裝)도 없다. 오직 순수한 영혼에 응답하는 영혼의 소리뿐이다.

연주회가 끝나고 집에 돌아올 때 내 가슴은 벅찬 감격과 활력으로 뿌듯해진다.

어쩌다 밖의 칠흑 같은 어둠 속을 뚫고 흰 눈이라도 펑펑 쏟아질 때면 마음은 마치 겨울 나그네처럼 들떠 어디론지 쏘다니고 싶어져서 대포라도 한 잔하지 않으면 안 된다. 어차피 공산(公山)에 한 줌 분토로 돌아갈 인생에 음악조차 없다면 얼마나 쓸쓸할까 생각하여 본다.

신옥자

제24집
〈영혼과 삶의 자화상〉(1997)

`profile`

1950년 대구 출생
이화여자대학교 의과대학 졸업, 중앙대학교 의과대학원, 방사선과, 가정의학과 전문의
신옥자의원 원장
한국의약사평론가회 회원

忘年의 病

　　　　　　　　　　1996년은 내 인생의 46년을 보내는 마지막 겨울인 셈이다.
　　46년-. 글쎄...?!
　　이 세월을, 이 질량을, 이 부피와 무게를, 이 넓이와 깊이를 무엇으로 가늠하고, 척량하고, 재어 보아야만 정확한 가늠, 정확한 저울질이 될 것인지 정녕 모르겠으나, 도저히 흑자인생이라고, 잘한 장사라고는 생각이 들지 않는 까닭에 조금은 우울한 송년이라고 아니할 수 없는 것이다.
　　내 나이가, 솔직하게 자신의 생을 세어보게 된 겸손의 나이가 된 것인지, 아니면 정말 혜안이 밝아 정확한 저울질을 한 것인지는 神만이 아실 것이다.
　　저마다 생을 계산하는 그릇의 크기와 높이가 다 다르겠지만,

아무리 뜯어보아도 흑자인생이 아니라는 생각에, 송년 우울증에 빠지고 만 것이다.

1. 과연 나는 46년간 무엇을 위하여 왜 달려온 것일까?!
2. 아니, 과연, 달리기라도 제대로 시도해 본 것일까?!
3. 삶의 무게에 짓눌려, 수동적으로 흐느적거리며 끌려온 것은 아닐까?!
4. 내 인생의 주체는 과연 나였을까?!
5. 아니, 솔직히, 정말 인간적인 인간이었을까?!

정말 사람다운 사람, 인간미 넘치는 착하고, 성실하고, 정의롭고, 바람직한 사람이었을까?! 그리고, 친절하고, 동정심 있고, 그리고 능력 있는 의사였을까?!

이 모든 질문들이 갑자기 화살같이 나의 온몸과 뇌리들을 찔러대기 시작한다. "오, 하나님" 소리가 절로 튀어나온다. 흑자는커녕 마이너스라는 계산이 눈앞에 아른거린다.

왜냐하면, 그토록 의기양양하고, 자신감에 넘치던 모든 것들이 일시에 다 사라지고 마치 빈 사막과 빈 들에 홀로 버려진 것 같은 심정이 들기 때문이다. 올해는 유난히 이 망년의 병이 크고 깊은 것은 어인 까닭일까?!

약해지는 몸에 대한 실망이 큰 것이 제일 첫째가 된다. 건강을 잃으면 모든 것을 잃는 것이 된다는 말이 실감이 간다. 둘째는, 조금은 구태의연하고, 똑같이 연장될 변화 없는 미래에 대한 절망일 것이다.

나는 생동감 있게, 활기차게, 그리고 젊은이 같이 살고 싶다. 젊은이 같이 희망찬 계획을 세우고, 넘어지고, 자빠지고 힘들어하면서도 미래의 꿈을 세우고 달려가기에 바쁜 청년의 삶을 누리다가 죽고 싶다.

진정한 휴식은 그때에나 갖고 싶다.

죽음이 어느 날 내 문턱에 찾아왔을 때 비로소 나는 쉬고 싶다. 산송장 같이 벽만 바라보며 기다리며, 정체된 고요 속에 남은 내 삶을 함께 묻어버릴 수는 없다.

절망 대신 희망을, 고요 대신 정진을 누리고 싶다. 설사 그것이 후에 내게 엄청난 대가를 치르게 한다 해도 나는 청년처럼 투자하고 준비하는 희망찬 새해와 새 삶을 강렬히 원한다.

그러나, 내 속에 존재하는 또 하나의 나 자신이 네 삶은 그것으로 끝났으니, 이제는 분홍빛 꿈을 버리라고, 현실을 강조할 때, 나는 두 날개가 잘리는, 그래서 정말로 추락하는 허무한 내 인생을 볼 수밖에 없었다. 아직은 더 태울 수 있는 희망의 에너지가 내게는 있는 것만 같다.

이제 46년을 마무리 지으며, 나는 삶의 기로에 서 있다.

이대로 마이너스 인생을 살 것이냐, 아니면 아픔과 도전과 인내와 어쩌면 어마어마한 고통이 따를지는 몰라도 미래의 꿈을 향하여 한 발 한 발 걸어나갈 것이냐, 안일하게 안주하여 허무에 복종할 것이냐, 아니면 희망과 미래에 다시 생명을 걸어 볼 것이냐 하는 기로 말이다.

남아있는 96년의 일주일이 앞으로 올 내 인생을 바로잡는 소중한 기간이 되었으면 싶다.

생을 살아오며, 막다른 골목인 줄 모르고 달려왔을 때의 그 막막한 모습- 이것이 지금 나의 모습이다.

神에 대한 절망, 인간에 대한 절망, 삶에 대한 두려움, 이 모든 것이 나를 허무하게 만들고, 무기력하게 만드는 것을 본다.

내게도 다시 1997년이, 남은 삶이 주어지는 것일까? 그리고 그것이 정녕 의미 없는 삶이라면 차라리 포기하고 싶다.

그러므로 1997년은 그 어느 때보다도 찬란하게 보내리라. 두 번 다시 망년의 병을 앓지 않기 위하여!

故 김광일

제28집
〈징검다리 인생〉(2001)

profile

평양 출생
서울대학교 의과대학, 석·박사
경희대학교 의과대학, 한양대학교 의과대학 교수 역임
대한신경정신의학회 회장, 이사장 역임

저 서 | 『한국 전통문화의 정신분석(교문사)』, 『스트레스가 즐겁다(웅진)』,
『가정폭력 편저(탐구당)』, 『광기의 인간학(제삼기획)』 등 다수

2014년 작고

병과는 친구가 돼라

중년에 접어들면 열 명 중 일곱 명은 적어도 두 가지 이상의 만성병을 지니고 산다. 병 없이 평생을 살면 얼마나 좋겠는가? 그러나 그런 사람은 극히 드물다. 그것은 대단한 축복이다.

만성병을 앓고 있는 사람들은 병에 대해 세 가지 태도를 가지고 있다.

첫째가 불안-우울형이다. 죽지나 않을까 병신이 되는 것 아닌가 해서 불안해하고 안절부절한다. 불안하니까 이 병원 저 병원 돌아다니기도 하고 한방, 양방, 무당을 전전하기도 하고 좋다는 약, 좋다는 음식은 모두 사서 먹는다. 겁이 나서 아예 병원을 가지 않는 사람도 있다. 이런 사람들은 의사의 지시를 잘 따르지도 않는다. 종래는 가망이 없다고 느끼고 우울과 절망에 빠진다. 사는 의미를 잃어버리고 삶을 포기하기도 한다. 그러다 다 죽게 되면 그때야 응급실에 실려오기도 한다.

둘째는 무관심형이다. 병에 대해 무관심한 사람이다. 병이 있어도 진찰을 받으려 하지 않고 병이 생겨도 대처할 생각도 하지 않는다. 천식 환자가 담배를 계속 핀다거나 간이 나쁜 환자가 술을 계속 마신다거나 하는 것이 그 예이다. 마치 자기는 병이 없는 사람인 것처럼 생활한다. 병은 빨리 발견하고 빨리 대처해야 하는 것인데 그런 기회를 놓치고 만다.

셋째는 병과 싸우는 투사형이다. 병을 빨리 발견하고 적절한 대처를 냉철하게 해 나간다. 병을 용납하지 않고 병과 싸워서 이기려 기를 쓴다. 병에 대해 공부도 많이 하고 병의 성질을 알아서 철저하게 대처하는 사람이다. 이런 사람들 가운데는 의사의 지시를 철저히 따르는 사람도 많다. 불안-우울형이나 무관심형보다는 훨씬 병을 잘 극복하면서 살아간다.

그러나 나는 '병과는 친구가 돼라'고 권한다. 만성병이란 어차피 근치가 되는 것이 아니고 평생 지니고 살아야 하는 병이다. 그것을 물리치려 애를 써 보았자 물러가는 것이 아니다. 고약한 마누라를 데리고 사는 셈 치라. 마누라가 마땅하지 않다고 해서 내쫓을 수도 없지 않은가. 조강지처인데 어떻게 하는가? 고약한 마누라는 살살 달래야 한다. 야단치거나 설득을 하려 들면 더 고약해진다. 결국은 미움과 분노를 가눌 수 없게 되고 급기야는 가정이 파탄지경에 이른다. 이와 마찬가지로 만성병도 살살 달래면서 함께 사는 것이 현명하다. 병에 걸렸다고 안달하거나 병을 물리치려고 기를 쓰면, 그럴수록 병은 더욱 깊어만 간다. 왜냐하면 병이란 마음이 평온해야 잠잠해지는 법이니까. 병을 물리치려 기를 쓰는 그 자체가 또 하나의 스트레스가 되어 병을 악화시킨다는 말이다. 그렇게 기를 쓴다고 해서 병이 물러가는 것도 아닌데 말이다.

병과 친구가 되면 좋은 점도 많다. 병을 친구처럼 잘 아니까 병을 조절하기도 좋다. 이런 증세가 나면 그것은 어떤 의미가 있는지를 알 수 있고 어떻게 대처해야 하는지도 잘 알 수 있다. 다루기가 좋다.

병과 친구가 되면 새로 태어나는 기쁨도 누릴 수 있다. 건강할 때는 건강이 소중한 줄 모르고 날뛰고 다녔지만 이제는 건강이 소중한 줄 알고 몸을 조심하게 된다. 자기 인생이 소중한 것도 깨닫게 된다. 병을 앓는 것을 계기로 해서 살아온 인생을 점검하고 새로운 삶을 계획하기도 한다. 방종하던 생활에서 건실한 생활로, 무의미했던 생활에서 보람 있는 생활로 자기 인생을 획기적으로 바꾸는 계기가 될 수도 있다. 병을 통해서 새로 태어나는 것이다. 하나님을 모르고 살다가 병에 걸려서 구원을 받게 되는 기적이 얼마나 많이 일어나고 있는가? 그래서 병은 감사한 것이다.

죽을 병에 걸렸을 때도 마찬가지이다. 의학이 할 수 있는 데까지는 최선을 다하고 죽음이 임박했을 때도 당당하게 죽음을 맞는 그런 자세. 얼마나 멋진 것인가. 지금까지 보람 있게 살게 해주신 하나님께 감사를 드리면서 죽음을 맞는 것이다. 그것은 병과 친구가 되기 때문이다.

감기에 걸렸을 때 "에이! 재수 없이 걸렸네" 하는 사람이 있나 하면 회복되고 나서 "감사합니다. 감기를 낫게 해주셔서…" 하는 사람이 있다. 이 두 사람은 사는 방식과 의미가 하늘과 땅 사이처럼 서로 다르다. 감기에 걸렸다고 신경질을 내는 사람과 감기에 걸려 누워 있는 시간에 평소에 바빠서 읽지 못했던 책을 읽거나 음악을 들으면서 감사한 시간을 보내는 사람과는 사는 자세가 전혀 다른 것이다.

의료인류학에서는 병의 개념을 세 가지로 나눈다.
첫째가 생물학적인 병의 개념이다. 이것은 의사가 의학적으로 병의 원인과 증상과 치료법을 규정한 병의 개념이다. 우리는 보통 이 생물학적인 병만을 병이라 생각한다.
둘째는 사회적인 병의 개념이다. 사회에서 기능을 제대로 발휘할 수 있으면 병이 아니고 그럴 수 없으면 병이라는 잣대이다.

군대 신체검사의 잣대가 바로 그것이다. 생물학적인 병이 없더라도 군에서 필요하지 않으면 그것은 병이다. 건강한 사람이라도 키가 너무 크면 군에서는 병으로 간주한다. 반대로 생물학적인 병이 있어도 군 복무에 지장이 없으면 그것은 병이 아니다. 생물학적인 병의 개념을 객관적인 것이라 한다면 사회적인 병의 개념은 기능적이라고 할 수 있다.

셋째는 의미론적인 병의 개념이다. 의미론적인 병의 개념은 사뭇 주관적인 개념이다. 사람은 나름대로 자기 병을 규정하고 그 원인을 찾는 특성을 지니고 있다. 아무리 의사가 병이 없다고 해도 스스로 병이 있는 것으로 느끼고 그렇게 생각하고 있다면 그것은 그 사람에서는 병이다. 의사가 아무리 병이 있다고 설명해 주어도 스스로 증상을 느끼지 못하고 건강하다고 생각하고 있으면 그 사람에게는 병이 아니다. 각 개인의 경험과 생각과 느낌에 따라 병의 유무가 달라지는 것이다.

또 일단 병을 인정한다고 하자. 여기서 심각하게 문제 되는 것은 '왜 하필 나에게?'라는 질문이 생긴다. 내가 암에 걸렸을 때 '왜 하필 나에게 암이 생겼는가? 세상에 때려죽일 놈도 많은데 왜 하필 나에게?' 이런 심각한 질문이 생기게 마련이다. 이에 대해 해답을 얻어야 한다. 사람은 자기에게 어려운 일이 생겼을 때 왜 하필 그런 일이 나에게 생겼는지를 알아야 속이 풀리는 법이다. 의미를 찾는 동물인 셈이다. 그 해답은 각 개인의 경험과 접해온 문화환경과 삶의 철학과 신앙에 따라 다 다르다.

이 해답을 얻었을 때 투병하는 자세가 달라지고 그의 인생도 변화가 되는 것이다. 아주 주관적인 병의 개념이다. 환자를 위해서 종교가 할 수 있는, 아니 꼭 해야 하는 일이 바로 이 의미를 찾아주는 일이다.

건강하면 좋다. 그러나 건강을 잃었을 때 어떤 자세를 가지느냐에 따라 병을 극복할 수도 있고 새롭게 태어나는 기쁨을 누릴 수도 있는 것이다. 생각을 어떻게 하느냐가 문제이다. 병은 하나님의 축복일 수 있다.

故 김석희

제28집
〈징검다리 인생〉(2001)

profile

1942년 개성 출생
이화여자대학교 의과대학 졸업, 산부인과 전문의
김석희산부인과의원 원장
한국문인협회, 한국수필가협회 회원, 한국미술협회 회원
한국문학예술상, 한국여성미술 공모전 수상

저 서 | 시집 『오선지의 연가』, 『금강 초롱』 외 수필집 다수

2007년 작고

천사표 여인

꽃샘바람이 불고 있던 이른 초봄에 한껏 몸단장을 한 뒤 거리로 나섰다. 입춘 우수가 지나서인지 조석으론 쌀쌀해도 낮엔 봄기운이 제법 자욱하여 어디선가 봄의 소리가 들려오는 듯했다.

그러나 두터운 옷을 벗자니 아직은 옷깃이 여며지는 2월 말, 구의사회에서 수년간 일하다 보니 자주 상임이사회에도 참석해야 되었고, 이를 구실 삼아 봄기운도 마실 겸 집을 나서기로 한 것이다.

그러던 차에 같은 외길을 걷고 있는 동료 닥터들에게 무언가 봄 선물을 나누어주고 싶었다. 무엇으로 할까... 참! 박달회 수필집이 불현듯 머리를 스쳤다. 해마다 연말이 다가와 송년회로 뒤숭숭할 즈음이면, 의사수필가들은 지난 한 해 동안 참참이

故 김석희

모아 두었던 옥고를 다듬어 의사동인지인 수필집을 발간하곤 했다. 어느새 27년의 성상이 바뀌었으니 새 책의 얼굴을 대할 때마다 흐뭇한 보람을 느끼곤 했는데, 그렇게 수필집으로 한해를 마무리하는 즐거움 또한 우리들만의 특권이자 생활의 큰 활력소가 되었다.

이름하여 새롭게 세상 빛을 보게 된 〈박달회 수필집〉은, 나오기 무섭게 나는 우리 병원을 드나드는 환자에게도 기꺼이 나눠주곤 했는데, 이럭저럭 신나게 나눠주다 보면 백오십여 권이 한 달이 채 가기도 전에 동이 나게 마련이라, 다 없어지기 전에 동료 의사들에게도 나누어 주고 싶었다.

어느 환자는 그 책이 발간되기도 전 초여름부터 언제 나오는가 보채기도 하므로 특별히 애정이 가는 환자에겐 언제 올지 몰라 따로 남겨 두었다가 주기도 한다. 때론 시도 때도 없이 불쑥 나타나 그 책이 아직 새로 나오지 않았는가 묻는 바람에, 그 수필집의 인기를 실감하기도 한다.

그러기에 지난 연말에 출간된 새 수필집 〈올라와 내려다보니 결국 그 자리〉 열두 권을 비닐 가방에 넣고 버스에 올랐다. 회장단과 상임이사들에게만 주면 되니까 여유있게 담았다간 무거워 내 팔이 이를 감당하기 버거울 것이다.

그런데 변함없이 바쁜 일과 속에 병원에만 갇혀 있다 보면,

창밖엔 봄이 가까이 오고 있는지... 어느 틈에 겨울이 가고 있는지... 자칫 세월의 흐름에 감성이 둔해져 있기 마련이다. 봄이 어디쯤 오고 있는가 슬슬 탐색도 할 겸, 거리에 흐르고 있는 봄 풍경을 스케치하면서 여인들의 옷차림을 주시해 보았다.

나의 근무지인 우리 병원은 바로 버스정류장 대로변 1분 거리에 있다. 오늘 상임이사회 역시 불과 버스 세 구역 떨어진 정류장 바로 가까운 곳이니 주차 문제도 있고, 택시를 기다리자니 답답하여 버스에만 올라타면 이래저래 안성맞춤이었다.

버스에 오르니 마침 빈자리가 바로 출입구 옆에 있었다. 들고 온 짐을 좌석에 우선 올려놓고 선 채로 창밖의 변모해버린 거리의 풍경과 행인들의 옷차림을 지긋이 내다보고 있었다. 역시 성질 급한 여인들의 옷차림엔 벌써 봄기운이 질펀하게 감돌고 있어 멍청하게 마음을 빼앗긴 채 봄빛이 감도는 거리 풍경에 도취되어 있었다.

그러자 낮 1시경, 갑자기 충돌의 위기가 발생했다. 빈 좌석도 있었건만 불과 3~4분이면 곧 내려야 되므로 무심히 서 있었다가 돌연 급정거로 인해 균형을 잃어버린 나는 버스 안에서 하마터면 크게 넘어질 뻔했다. 의자에 앉아 있는 이들도 응급사태로 인해 앞좌석에 코방아를 찧기 십상이라 진동이 매우 컸었다.

이를 어쩌나... 봄비가 온 탓인지 버스 바닥은 다소 질펀했고 의자에서 한꺼번에 떨어진 책들은 통째로 바닥으로 흐트러져

축축한 흙이 묻고 말았다. 주섬주섬 잽싸게 비닐백에 담으면서 손수건으로 흙을 털자 벌써 목적지에 당도하게 되어 황급히 책을 들고 버스에서 내렸다. 순간 못 내릴까 봐 조바심으로 서둘렀다.

그 후 아무 일도 없었던 것처럼 회의를 마치고, 나는 동료 의사들에게 기꺼이 책을 한 권씩 나눠준 뒤 상쾌한 마음으로 다시 우리 병원으로 되돌아왔다. 병원 진료실 문을 열려고 하니...... 앗차! 열쇠 뭉치가 어디로 갔을까...... 가만히 추적해 보니 버스 급정거 때 차 바닥에 모두 떨어졌던 사고를 연상하게 되자 순간 아찔했다. 급하게 내리느라 책만 주워 담고 열쇠뭉치는 못 본채 그대로 내렸음이 분명하자 앞이 캄캄해졌다.

우선 급한 대로 그곳에 함께 있었던 크레딧 카드는 분실신고를 냈다. 또한 그 많은 열쇠를 어떻게 다 새로 만든담!

헬스센터 라커룸 열쇠, 차고 열쇠, 볼링장 라커룸 열쇠, 병원 현관 열쇠, 아파트 열쇠, 승용차 열쇠와 세콤, 화실 열쇠, 원장실 열쇠, 인도아 락커룸 키, 아파트 세콤 등...... 내 손때가 묻은 그 많은 키들의 모습이 눈에 선했다. 이를 다 새로 장만하려면 여간 힘든 일이 아닌데...... 후회스럽고 나의 미련함을 탓했다.

게다가 6번인지 8번인지 어느 버스였었는지 무심히 탔기에 기억도 나지 않아, 우선 수유리 그린파크 쪽으로 급히 택시를 탔다. 숨차게 8번 버스 종점 사무실에 도착하여 자초지종을 보고하니 아직 낮시간이라 하루 일과가 모두 끝난 밤이 되면 버스 내에 수거물이 모두 모이니 그때 알려주겠다고 했다. 6번 버스는 전화로 사무실에 부탁했다.

결국 잃어버린 열쇠 뭉치를 다시 찾는다는 것은 거의 불가능함을 인식하게 되자, 환자를 진료하면서도 마음은 그 사건뿐 도무지 일이 손에 잡히지 않았다. 종일 불안했기에 흐르는 시간도 지루하기만 했다. 다음날 아침 일찍이 사무실로 연락해 보니 아니나 다를까 모두 그런 수거물은 전혀 없다고 대답했다. 기대한 내가 잘못이지 생각하면서도, 혹시나 어느 맘씨 착한 사람의 눈에 띄어 다시 내게로 오게 되지나 않을까 하는 허망한 꿈도 꾸다가, 이 각박한 세상에 어느 누가 있담... 하면서 실의에 젖어있었다.

할 수 없이 이런저런 고생 끝에 우선 급한 대로 새 열쇠를 골고루 장만하였지만 내가 아끼던 보라색 예쁜 가죽의 그 열쇠 뭉치에 대한 마련은 끝까지 사라지지 않고 있었다. 그런데 이게 웬일일까. 마음속으로 기도한 때문이었을까... 하느님도 무심하지 않으신지 환자를 진료하고 있던 어느 날 한 여인의 목소리가 나를 찾았다. 상담전화이거니 생각했는데, 바로 보라색 열쇠뭉치를 잃지 않았느냐고 묻는 반가운 전화일 줄 누가 알았으랴! 정말 꿈을 꾸는 듯 너무 반가워 가슴부터 뜨거운 마음으로 용솟음치기 시작했다.

어느 천사표 여인일까…… 너무너무 고마웠다. 마침 학교 졸업식이라 아이와 함께 버스를 탔는데, 바닥에 뭔가 걸려서 주웠다면서 크레딧 카드가 들어 있길래 은행에 조회해서 나의 전화를 입수했다는 것이었다.

이렇게 기쁠 수가 또 있담! 너무 반가워 그곳이 어디쯤이냐고 당장 받으러 가겠다고 말하니 금방 못 전해준 것이 오히려 미안할 뿐, 외출하는 길에 우리 병원까지 갖다주겠노라고 하니, 이 얼마나 갸륵하고도 예쁜 마음의 여인일까…… 천당은 이미 맡아 논 보증수표이리라 생각했다. 시험에 합격 통지서를 받은 것 이상으로 나의 행복감은 마냥 부풀어져 갔다.

그리고 그녀를 만났다. 이 아름다운 인연을 난 길이 잊지 않기로 했다. 굳이 사양하는 그 천사표 여인에게 난 평생 무료로 자궁암 검사를 해 주기로 약속했다. 그녀의 암검사 결과를 집으로 연락해 주면서 아직도 우리 주위엔 이렇게 훈훈하고 따뜻한 천사들이 많이 살고 있음에 나도 그 몇 배로 은혜를 갚으리라 다짐해 보았다.

그녀에게 신의 가호가 있기를 기원하면서…….

故 박양실

제28집
〈징검다리 인생〉(2001)

profile

1936년 평남 출생
서울대학교의과대학 졸업, 의학박사, 산부인과 전문의
한국여자의사회 회장, 국제존타 서울1클럽회장, 경기여고 총동창회 회장 역임
한국의약사평론가회 회원
전 보건복지부장관

저 서 | 수필집 「꽃게와 카네이션」 외 공저 다수

2023년 작고

저승길을 서두를 필요는 없지

회갑(回甲) | 육십에 저승에서 데리러 오거든 지금 안 계신 다고 여쭈어라.
고희(古稀) | 칠십에 저승에서 데리러 오거든 아직은 이르다고 여쭈어라.
희수(喜壽) | 칠십칠에 저승에서 데리러 오거든 지금부터 노락(老樂)을 즐긴다고 여쭈어라.
산수(傘壽) | 팔십에 저승에서 데리러 오거든 이래도 아직은 쓸모 있다고 여쭈어라.
미수(米壽) | 팔십팔에 저승에서 데리러 오거든 쌀밥을 더 먹고 가겠다고 여쭈어라.
졸수(卒壽) | 구십에 저승에서 데리러 오거든 서둘지 않아도 된다고 여쭈어라.
백수(白壽) | 구십구에 저승에서 데리러 오거든 때를 보아 스스로 가겠다고 여쭈어라.

나의 7살 된 손자가 태권도의 옆 발차기 실기를 하면서 "할머니도 할 수 있어요?" 하고 뽐내더니 "참, 할머니는 늙어서 못 하지" 하는 것이었다. 그래서 "할머니가 그렇게 많이 늙었니?" 했더니 서슴치 않고 "응" 하는 것이었다. 나는 또 한 번 가벼운 충격을 받았다. 그러나 다음 순간 내 나이를 숫자로 생각하고 혼자 비시시 웃었다. 아이들의 눈이 얼마나 정확한데, 아이의 의견을 무시하려고 발버둥 친들 무슨 소용이 있을까?

우리가 어렸을 때만 해도 인생 70은 고래희라고 해서 60세만 된 노인을 만나면 그 사람은 이제 살 만큼 살았다고 생각을 해서 아주 노인 취급을 해서 환갑잔치를 성대하게 했으며, 환갑까지만 살고 죽으면 호상이라고 해서 웃으면서 장례를 치르곤 했다.

내 나이를 생각하면 얼굴이 화끈해진다. 아마 지금 사춘기쯤 된 아이들이 우리를 볼 때 그렇게 보지 않겠는가? 나는 아직도 내가 별로 늙었다고 생각하면서 살지는 않았다. 생각할 겨를이 없었다. 아마 너무 바쁘게 살았기 때문이라고 생각한다.

며칠 전 32년 만의 대설로 온 나라가 눈으로 뒤덮였고 한 발자국도 옮기기가 어려웠다. 이제 넘어지면 큰일 난다는 생각에 등산화를 신고도 엉금엉금 기다시피 해서 지하철역에 도착했다. 매표소에서 손만 내밀면 판매원은 두말하지 않고 하얀 표 한 장을 내준다. 내 나이를 의심하는 사람은 하나도 없다. 나를 아는 사람들이 내 앞에서는 젊어 보인다고 하고 10년 또는

20년 전에 다니던 나의 단골 환자들은 조금도 늙지 않았고 그때와 똑같다고 호들갑을 떤다. 이 아부 섞인 말을 다 믿는 것은 아니지만 결코 기분이 나쁘지는 않다.

즈믄해인 2000년을 맞이하면서 이 세기는 문화의 시대, 정보의 시대, 여성의 시대를 열었다. 그러나 이 세계는 끊임없이 전쟁을 하고 있다. 경제전쟁은 말할 것도 없고 종교전쟁, 인종전쟁이 하루도 쉬지 않고 계속되고 있다. 며칠 전에도 미국과 영국이 이라크를 맹폭격했다고 한다. 부시 대통령 정부가 들어서면서 힘을 과시하는 뜻이 아닌가. 예로부터 약육강식의 원론은 변하지 않는 것 같다.

나라 안은 어떠한가? 끊임없이 이어지는 정쟁, 국회에서의 부끄러운 선량들의 모습, 겨우 극복했다는 IMF 관리체제는 과연 극복되었을까? 오늘 보도에 의하면 실업자가 100만을 돌파했다고 한다. 물가는 턱없이 오르고 서민의 살림은 점차 쪼그라들어서 주머니는 먼지가 날 정도로 가벼워졌다. 모든 공과금이 일제히 올랐고 아파트 관리비 고지서가 무거워졌다.

지난해 6·15 남북정상회담 후 남북 간에는 엄청난 변화가 일어나고 있다. 세 차례에 걸친 남북이산가족의 상봉 모습은 온 국민의 눈물을 마르게 했다. 고기를 잡아다 주기보다는 고기를 잡는 법을 가르치는 것이 그들을 돕는 올바른 방법이 아닐까? 합리적인 경제협력이 절실히 요구된다. 그런데 외신에

의하면 광우병 때문에 전 세계가 기피하고 있는 소고기를 달라고 정식으로 요청했다고 한다. 비록 안전한 것만 보내달라는 전제가 있기는 하나 가슴 아픈 일이다. 인도적인 차원에서 될 법한 일인가? 거기에 한술 더 떠서 대만에서 핵폐기물을 수입하겠다고 제의했다고 한다. 이런 일들을 강 건너 불구경하듯 해야만 하는가?

우주의 온난화 현상으로 일어나는 기상이변은 어떠한가? 우리나라도 금년에 폭설과 혹한을 겪었지만 세계 곳곳에서 폭설이나 홍수, 가뭄이 쉴 새 없이 일어나고 있다. 지금 육지가 계속해서 가라앉고 있다고 하니 우리 국토도 언제 얼마나 줄게 될지 아찔한 생각마저 든다.

우리나라의 PC 사용자가 두 사람 중 한 사람으로 파악되었으며 인터넷 인구가 세계에서 두 번째로 많다고 한다. 얼마나 좋은 세상인가? 세계 어느 곳이나 전자우편을 통해서 수 초내에 저렴한 가격으로 서로 의사를 소통할 수 있다. 몇 년 전만 해도 외국의 학회에 한번 참석하려면 신청서를 내고 허가를 받고 학회 참가비를 지불하는데 수 주일씩 소요했다. 그러나 지금은 컴퓨터 앞에 앉기만 하면 즉시 신청서를 작성해서 전송하고 신용카드로 결제하면 끝난다. 비행기표도 그 자리에서 예약을 하고 결제를 할 수 있다. 지금 이 순간에도 세계의 석학들이 연구해서 발표하는 논문이나 자료를 즉시 찾아낼 수가 있다. 그런데 사용자의 약 70%가 사이버 범죄의 피해를 받고 있다고 한다.

바이러스에 의한 자료파괴는 물론, 해킹을 당해서 모든 자료와 정보를 잃어버릴 수도 있다.

뿐만 아니라 청소년들의 잘못된 사용으로 사회의 큰 물의를 일으키고 있다. 채팅으로 삐뚤어진 성문화의 희생이 되기도 하고 엽기 사이트인 자살 사이트, 폭발물 사이트, 음란 사이트 등을 개설해서 우리를 놀라게 한다.

이 현실은 이처럼 앞이 안 보이고 답답하고 부정적인 면도 많지만 긍정적이고 편리하고 살만한 세상도 엿볼 수 있다. 얼마나 편리한 세상인가? 우리나라의 자동차가 1,200만 대를 넘어서 한 집에 한 대 꼴이 된다. 집집마다 냉장고나 TV 없는 집이 없고, 그 외 모든 가전제품을 쓰면서 예전에 이런 것을 못보고 살다 간 옛 어른들이 아쉽고 가엾게 생각된다.

휴대전화 하나만 생각하자. 1960년 대에는 전화 한 대 놓으려면 몇 달씩 기다려야 했다. 병원은 우선순위에 속한다고 좋아했었다. 그런데 요즘은 길거리에서도 손쉽게 자기 전화를 가질 수 있다. 얼마 전까지만 해도 전철 안이건 길거리를 가리지 않고 전화기를 귀에 대고 다니는 젊은이를 아주 못마땅하게 생각해 왔는데, 우연히 나에게도 휴대전화가 생겼다. 막상 써보니까 이처럼 편리한 기계가 어디 있는가 싶다. 휴대전화 한 대면 언제 어디서나 연락이 되므로 요즘 창업하는 사람들은 사무실 없이 큰 사업도 할 수 있다고 한다.

하루가 다르게 눈부시게 발전하는 전자제품과 생활용품의

발명은 우리의 삶의 수준을 높이는데 크게 공헌했다. 이처럼 빠르게 변화하는 사회에 적응하려면 맨발을 벗고 뛰어도 따라가기 힘들 텐데 기억력은 가물가물하고, 눈은 침침하며, 발걸음이 이처럼 둔해졌으니 나이가 드는 것이 안타까울 뿐이다.

모두에 소개한 글을 읽으면 저절로 웃음이 나온다. 나이가 들수록 삶의 욕심이 점점 커진다는 이야기이다. 백 살이 넘을 때까지 살고 싶다는 말이다. 그때도 생각해 보고 가겠다고 한다. 얼마나 애교 있는 말인가. 속담에 3가지 거짓말이 있는데, 그 하나는 처녀가 시집 안 간다는 것이고, 둘째는 상인이 이윤이 남지 않는다는 말이고, 셋째는 노인이 죽고 싶다는 말이다. 이제 졸수를 살아도 저승길을 서둘고 싶지 않고, 백수를 살아도 아쉬울 것 같다.

인간 복제도 곧 될 것 같은데, 정자나 수정란을 냉동했다가 필요할 때 녹여 쓰듯이 우리의 육신을 100년쯤 냉동시켰다가 다시 소생시키면 그때는 얼마나 희한한 세상이 우리를 맞이할 것인가? 기대된다.

저승길을 서두를 필요는 없다.

故 소진탁

제35집
〈영혼의 산책〉(2008)

profile

1921년 전북 익산 출생
세브란스의학 전문학교졸업, 기생충학 전공
연세대학교 의과대학 교수, 학장, 한국기생충학회 회장 역임
WHO 자문위원

저 서 | 『기생충학』, 『열대병』, 『기생충병』 외 다수

2016년 작고

삶의 열두 대문

살기 위해서는 먹어야 하고 숨을 쉬어야 한다는데 우선 먹는 문제부터 생각해 본다. 먹는다는 것은 먹이가 들어와야(食事) 되고 또 그들이 소화되고 찌꺼기들을 배출하는 과정이 필수적인데도 만약 그 과정에 이상(異常)이 있게 되면 건강을 잃게 되며 질병이 뒤따르게 된다는 사실을 부인할 사람은 아무도 없을 것이매 이제 모든 먹이는 호흡기로 가지 않고 액체, 고체만이 위장으로 가게 되는 첫 관문이 될 것이다. 이들 고체는 소화기 계통에서 복잡한 과정을 거친 뒤, 항문(肛門)으로 배출되어야만 생체가 건강을 유지할 수 있는데 이 같은 과정은 거의 모든 생물의 공통적인 과정이겠으나 그러나 이론대로 쉽지만은 않은 것 같다. 이제 음식물의 섭취와 배설 과정을 논리적 근거에서 정리하여 본다.

음식물이 입으로 들어와 소화 과정을 거친 뒤 배설되기까지의 경위를 요약하여 볼 때 그 과정 모두가 생명 유지에 필수적인 절차인 것은 누구나 인정하고 있지만 과학적인 기전에 관해서는 일반적으로 먹는다는 것이, 그리고 배출하는 것이 인생살이에 당연한 과정으로 인식할 뿐 별로 관심을 두지 않은 경우가 많은데 생각해 보면 필자 자신 역시 그 부류에 속하리니 부끄러운 심정에서 이제 음식물이 몸에 들어와 배설되기까지의 과정을 정리하여 본다.

소화기계(消化器系) 하면 입(口院)에서부터 항문(肛門)에 이르기까지의 음식물 통로와 그 기능의 뒷받침이 될 간장을 비롯한 기관, 조직들의 기능을 빼놓을 수 없지만 이제 통로인 소화관만을 중심해서 요점적으로 더듬어본다. 구강(口腔)-입술, 이(齒牙), 혀(舌), 인두(咽頭) 등은 소화관의 첫 관문이 될 것이매 입술 도움으로 들어온 음식물은 이, 혀 등의 분해 조작을 거쳐 인두를 통과토록 해야만 다음 소화 절차가 진행될 것이며 다음 식도, 위(胃), 소장(小腸), 대장(大腸), 항문(肛門)을 거쳐야만 섭취된 음식물의 소화(消化)가 일단 마무리될 것이다.

먹어야 살 수 있다는 논리에서 입술이야말로 생명의 첫 관문일 것이매 아무리 좋은 음식물이라도 입술이 열어주지 않을 경우 무용지물(無用之物)일 것이니 생명의 첫 관문임이 틀림없다.

다음 혀(舌)와 치아(齒牙) 그리고 타액선(唾液腺)으로부터의 침의 도움으로 인두(咽頭)에 다다른다. 인두는 교통정리에 있어 교차로(交叉路) 역할을 하는 위치라고 할지 후두개(喉頭蓋) 즉 코로 들어온 공기가 기관으로 들어오는 위치에 있으면서 숨을 쉴 때는 올려져 있다가 음식물을 넘길 때만 음식물이 기관으로 들어가지 않도록 폐쇄되는 역할을 하니 생명을 지키는 수문장(守門將) 중의 일등공신이라고 할지! 식도(食道)는 인두와 위(胃) 사이의 약 25cm 길이의 통로이며 근육성으로 복강(腹腔) 내 제11흉추(胸椎) 높이에서 분문(噴門)에 이르고 이어 위(胃)로 연결된다.

　식도의 내강(內腔)에는 세 군데의 협착(狹窄)부가 있어 혹 이물질(異物)이 넘겨질 경우 걸림으로 멈추게 하는 소중한 역할을 한다. 이와 같은 경우 연동현상이 일어난다. 즉 인두(咽頭)로부터 연동은 시작되고 이어 이완(弛緩)이 일어나는 등, 분문(噴門) 방향으로 수축과 이완에 따라 식도의 내용물이 아랫부분으로 이동된다.

　위저(胃底), 분문괄약근(噴門括約筋)도 식도의 느슨함에 따르게 되면서 내용물이 위에 들어오게 외면 위액(胃液)이 분비된다. 그리고 분문이 폐쇄하게 된다.

　위(胃)는 미주신경(迷走神經)과 교감신경(交感神經)의 영향을 받는다. 즉 앞에 것은 운동을, 뒤에 것은 반대로 제지기능을 갖는다. 따라서 불쾌할 때면 위액분비가 억제되고 식욕도 떨어지는 등 소화(消化)에 영향을 주니 한 예로 불쾌한 일을 당할 때는 소화가 잘 안되는데 감정이 자율신경에 영향을 주기 때문이며 그 조작의 주인공은 위벽의 아우어박신경총(Auerbach's plexus)인 것으로 알려졌고 이 신경총은 위벽(胃壁)의 근층(筋層)에 있다.

생리적으로 미주신경(迷走神經)은 위의 운동을 촉진하나 교감신경(交感神經)은 위의 제지신경(制止神經)으로 인정되고 있다.

다음 유문(幽門)은 위(胃)와 십이지장의 연결부로서 위의 내용물이 십이지장으로 넘어가는 부분이며 그 과정에 있어도 유문신경총(Auerbach's plexus)의 영향을 받는다. 유문반사는 유문괄약근(幽門括約筋)의 긴장에 따라 개폐(開閉) 현상이 일어나는데 유문이 활성화되면서 내용물은 소장인 십이지장으로 넘겨지게 된다. 이때 십이지장 내용물이 산성에서 중성 또는 알칼리성으로 될 경우에만 유문(幽門)이 열리게 되니 유문은 관문(關門), 즉 문지기로서의 역할을 하게 된다. 그러므로 유문은 소화관 중에서 가장 중요한 수문장(守門將)일 것으로 인정된다.

일단 소장으로 넘어온 음식물들은 여러 소화효소의 영향을 받으면서 분해되고 흡수되어가며 맹장(盲腸)에 이를 것이며 다음 결장(結腸), 직장(直腸)으로 그리고 마지막 항문(肛門)에서는 더 갈데없이 외부로 빠져나올 것이매 그 과정을 종합한다면 소장은 소화흡수가 주요 역할부이고 대장은 소화, 분해과정 중의 찌꺼기들을 수분을 빼고는 외부로 배출하는 예비 부위라고도 인정된다. 참고로 충양돌기(蟲樣突起)는 길이 8~9cm, 폭 0.5~1.0cm의 지렁이 모양 맹관(盲管)이며 대개는 맹장(盲腸)의 내후벽에서 돌출되어 있다. 통속적으로의 맹장염은 충양돌기염이라 부름이 올바를 것이다.

대장(大腸)은 소장에서 이어지면 부위별로 나누면 대장(맹장, 결장, 직장)과 항문이 될 것이다.

결론적으로 음식물이 입으로 들어와 항문으로부터 빠져나오기까지 입, 혀, 목구멍, 식도, 분문, 위, 유문, 소장, 맹장, 결장, 직장, 항문 등 거의 열두 고비를 헤아리게 된다. 고비마다 모두가 생리적인 임무를 착실하게 함으로 우리들, 생명이 유지될 수 있으니 참으로 감사스러움뿐이다.

故 남상혁

제38집
〈은하수를 끌어오다〉(2011)

profile

충남 아산 출생
연세대학교 의과대학, 의학박사, 외과 전문의
남상혁외과의원 원장
한국문인협회 회원, 한국시조시협회 회원

저 서 | 「꿈은 강물이 되어」 등 다수

2013년 작고

삶은 석양빛 님 그리는 가냘픈 마음

　　　　　　　　　　　　우연히 목을 만지다가 깜짝 놀랐다. 임파선 두 개가 커져 있는 것이다. 혹시나 암에 걸린 것이 아닌가 생각하니 가슴이 두근거리기 시작했다.

　급해서 내과에서 가슴 사진을 찍고 이비인후과에서 목과 구강검진을 하고 방사선과에서 MRI로 두부, 경부, 가슴을 체크했는데 모두가 정상이었으며 자부가 가정의학과 의사라 인후계통에 염증이 있어서 그럴지도 모르니까 항생제를 며칠 써 보라고 해서 사용하니 임파선이 가라앉았다. 아! 염증이었구나 하고 안도감을 가졌다.

　암이라는 진단을 받으면 사망선고를 받은 것으로 아주 무서운 병으로 여겼으나 최근에는 의학의 발달로 완치가 잘 되어 만성병으로 여기고 잘 치료할 수 있으니 마음을 편히 가져도 좋을 것이다.

　인간은 늙으면 이런저런 병에 걸리게 된다. 그러니 주기적으로 건강검진 잘 받고 스트레스 줄이고 규칙적인 운동, 소식을 해야 한다.

　누구나, 건강한 사람도 암세포를 가지고 있다고 한다. 암세포는 신체조건이 파괴되면 수십억 개까지 자라며 진단도 할 수 있고 본인이 느낄 수도 있는 것이라 하며, 암이 완치되었다는 것이 아니라 그 세포의 숫자가 줄어서 비활동적이라는 말이니 계속해서 암 발생의 위험성을 주시해야 할 것이다.

　일생 중 여러 번(6번 내지 10번) 암세포가 증식한다고 한다. 면역체계가 왕성하고 제반 조건을 정상으로 관리하면 암세포 증식을 막을 수 있다 한다. 특히 스트레스에서 벗어나야 하고 전문의사의 지시에 따라야 할 것이다. 물론 조기 발견에 빈틈이 없어야 한다.

　나는 어떠했는가? 의사이면서도 무관심과 함께 설마 암에 걸릴까 하고 그리 신경을 쓰지 않았다. 나이가 먹을수록 여기저기 고장 나기 시작하면서 관심을 갖기 시작했다.

　다른 신체 부위는 정상으로 판정되었으나 위장 계통만이 남아 있어 걱정이 되었다. 그간에 3번 내시경으로 위염만 있다고 해서 그것은 치료했고 안심했는데 약 2년이 지났으니 요번 기회에 위내시경을 했다(2009년 6월). 그런데 이것이 웬 날벼락인가, 초기 암으로 판정이 났다. 가슴은 뛰었으나 억지로 웃음을 지었다. 침착해야지... 하나님이 다 주관하고 계시니...... 하나님께 맡기니 마음이 한결 편안해지기 시작했다.

아들 삼 형제가 모였다. (둘은 의사) 나는 그들의 결정에 따르기로 했다. 56년 세브란스의대를 졸업한 이제 한물간 외과의사이고 새로운 수술 방법이 많이 발달되어 있다고 한다. 수술 방법은 위내시경 수술, 로봇 수술, 복강경 수술, 위절제술 등이 있다.

가족들이 선택한 수술 방법은 복강경 수술이다. 초기암(주로 1기)에 시행할 수 있으며 안전성이 있는 수술이고 재발이 거의 없고 예후가 좋다고 한다. 복강경 위암수술은 배를 열지 않고 4~5개의 구멍을 낸 뒤 수술기구를 넣고 모니터를 보며 위암을 제거하는 수술이며 개복수술에 비해 상처가 적어 수술 부위의 감염이나 출혈 등의 합병증이 낮으며 통증도 적고 회복이 빠르다고 한다. 퇴원도 빠르며(약 5일 만에) 식사도 빠르게 한다(2~3일 내).

2009년 6월 2일, 나는 집도자가 아닌 환자로서 수술실로 실려갔다.

아무것도 생각이 나지 않았다. 단지 허허한 마음으로 눈을 딱 감고 선생님들에게 모든 것을 맡겼다. 부지런히 움직이는 소리와 의료기 소리가 나고 있다. 마취를 한 것이다. 나는 다른 세계로 갔다. 눈을 떠 보니 수술이 끝났다. 혹시 수술 중에 천당의 소식을 듣거나 꿈을 꿀 줄 알았는데 아무것도 없었다.

속세에 다시 나오니 복잡하다. 가족들의 근심스러운 모습, 의료인들의 왔다 갔다 분주한 모습, 몸에 달린 주사약들, 수술 부위의 통증 등등...... 수술은 잘 되었다니 안심이 되긴 했다. 인간은 간사한 동물인 것 같다. 그래도 아내를 보고 가족을 보아 열심히 살아야겠다는 새로운 각오를 느낀다.

수술받은 지 2년 3개월이 지났다. 경과는 아주 좋은 편이다. 집사람이 일등 공신이다. 고맙다. 원래 착하고 빈틈이 없다. 신경이 쓰이는 것은 식사였다. 위를 반 이상 제거했으니 먹는 횟수도 많아지고(하루 4회 이상) 30회 내지 40회씩 씹어서 30분 이상 천천히 먹어야 하므로 항상 빨리 먹던 나는 신경이 많이 쓰였고 음식 내용이 중요한 문제였다. 집사람이 메뉴를 잘 짜서 걱정이 없었다. 또한 적당한 운동을 하고 스트레스를 받지 않도록 노력을 많이 했다. 암은 마음, 정신, 신체의 병이니까 말이다. 분노의 마음을 버리고 용서와 사랑으로 충만한 긍정적이며 감사의 마음이 가득 차야 한다. 헌데 그것이 그리 쉽지 않다. 마음은 있으나 실행이 힘들다. 사람이니까.

이제 나이 81세이니 얼마나 더 건강하게 활동할 수 있을까? 오래 살려면 건강한 육체와 건전한 마음이 있어야 하는데......

늙으면 눈이 나빠지고 난청이 생기고 주름이 생겨 보기 좋지 않고 기억력이 없어지고 쉬 피곤을 느끼고, 병이란 병은 다 몰려온다. 그것이 인간의 삶이고 운명이다. 이 모든 것은 하나님의 섭리요 그분이 주관하시고 계시다. 최선을 다해 살며

하나님의 뜻에 따라야 한다고 마음먹으니 편안해지고 힘이 난다. 왜 사는지를 더 기도하며 영적인 공부를 해야 할 것이다.

진정 삶은 석양빛 님 그리는 가냘픈 마음, 영웅의 말로처럼 애처로운 것인가?

박달회 50년

- 박달회, 반백년의 지명(知命)을 보라 / 유형준
- 자료 (1973년 ~ 2023년)
  〈자료1〉 역대 회장단 명단
  〈자료2〉 회원 명단
  〈자료3〉 수필집 제목, 회장 총무 및 참여 회원 이름,
  　　　　출판사명, 발행 년월

박달회,
반백 년의 지명(知命)을 보라

유형준

　쉰 살이다. 의사수필 동인회 박달회 나이가 쉰이 되었다. 박달회 50년엔 회원 한 사람 한 사람의 50년, 박달 모임의 50년, 우리나라 의료의 50년 이야기가 생생하게 쌓여 있다. 의료계의 핵심 선두에서 누구보다도 바쁜 의업(醫業)에도, 모든 회합과 수필집 발간에 최우선 순위를 두는 박달회 회원들의 능동과 포용이 발하는 선한 영향력이 자랑스레 쌓여 있다. 미래를 향한 헤아림 역시 '즐거운 자랑스러움'으로 풍성히 쌓여 가고 있다. 그 빛나는 축적에 관한 이야기를, 박달이 박달회가 되고 박달회가 박달을 닮는 신묘(神妙)에 드리는 축시로 시작한다.

祝詩

한 줌의 온기가 박달로 자라
반백 년을 품고 선
지명(知命)을 보라

한 줄기 온기가 동토를 녹여
싹 돋고 가지 뻗어 계절처럼
우거지는 잎새마다
물정(物情)을 물고 깃드는
파랑새의 속삭임을 들어라

세파의 모진 진폭에 쓸려온
병상의 성마른 불면이
밤새 우려낸 수액으로 번지는
나이테의 눅진한 동심원

신새벽
병실 깊숙이
동살처럼 스며오는 쉰 살의 이야기를
한 획 한 획 새겨가는
우듬지의 파동

새아침의 광합성이
켜켜로 뿌리 내리는
순순한 운필(運筆)을 보라

  - 유담,「한 줌의 온기가 박달로 자라 – 박달회 쉰 돌을 기려」전문*

I. 창립 – 박달의 단단함으로

1. 왜 모였을까?

박달회로 모인 까닭은 무엇이었을까? 유태연은 박달 수필집에 그 연유를 적고 있다.

"의사들의 작품이 발표되는 마당은 주로 전문지에 국한되어 있다. 개중에는 전업 작가 못지않은 필력으로 문학전문잡지나 월간잡지에 글을 청탁받아 쓰는 분도 계셨으나 대다수는 우리끼리의 신문인 전문지가 거의 유일한 발표의 광장이었던 것이다. 그러다 보니 의사들 중에 글을 쓰는 사람이 누구누구인지 대충 알려지게 됐고 이분들을 모아서 글 쓰는 동호회를 결성하고 1년에 한 번씩 수필집이 됐든 수상집이 됐든 글을 모아 간행을 해보는 게 어떻겠느냐는 崔臣海 博士님의 의견이 있어 당시 의학 전문지의 문화면을 담당하시던 작가 김지연(金芝娟) 女史께서 조직에 착수하게 되었다." – 제30집 『네가 온다는 밤에』(2003년)

김지연 본인의 최근 술회에 따르면, 그때 소설가 김지연은 《의사신문》 취재부장으로서 '닥터문예란'을 담당하고 있었다.

2. 박달회 창립

뜻을 같이하는 열다섯 명의 의사수필 동호인이 모여 첫 걸음을 내디뎠다. 강석영(康晣榮), 곽대희(郭大熙), 김광일

(金光日), 맹광호(孟光鎬), 박용철(朴容喆), 서광수(徐光洙), 소진탁(蘇鎭琸), 송윤희(宋潤熙), 유태연(兪泰演), 이규동(李揆東), 이병화(李秉化), 이순형(李純炯), 이제구(李濟九), 장여옥(본인이 한글 표기만을 주장하여 한문 이름을 알 수 없음-필자 주), 최신해(崔臣海)(가나다 順) 열다섯 명이 창립회원이었다[그림1].

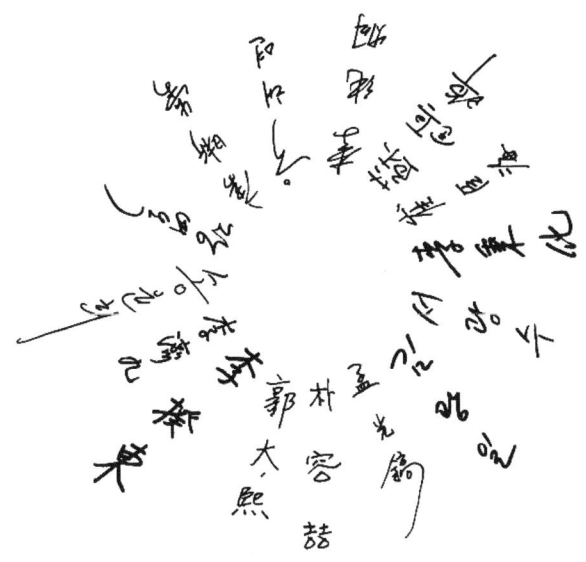

[그림1] 창립회원 서명판(박달회 제1수필집 『못다한 말이』 첫 쪽)

회장은 연령순으로 한 해씩 맡기로 하여, 초대 회장에 이제구가 추대되었고〈뒷편 부록 참고(자료1)〉, 김지연은 간사를 맡았다[그림2].

297

[그림2] 창립 회원(가나다 순)과 간사(작성 – 유형준)

3. 박달의 이름으로

회명은 어느 분 발의였는지 불분명하나-최신해란 전언도 있다-, 박달나무처럼 단단하고 오래오래 지속하자는 뜻에서 박달회로 정했다. 박달나무의 준말인 박달은 순우리말이어서 '박달회'라고 한글로 써오고 있다.

박달은 박달나무의 준말이다. 자작나뭇과의 자작나무속에 속하는 낙엽교목이다. 영어로는 Schmit's Birch, 한자로 단목(檀木), 초유(楚楡)라고 한다. 나무를 찍으면 오히려 도끼가 부러질 정도로 단단하다 하여 일본 사람들은 오노오레[釜折부절] 나무라고 한다.

단단한 덕에, 옛날에는, 수레바퀴, 박달 곤봉(棍棒), 다듬잇방망이, 빨랫방망이, 나졸들의 육모 방망이, 디딜방아의 방앗공이와 절굿공이, 여인의 손때 묻은 함지박 같은 목기류와 모양새 다듬던 얼레빗 등을 박달나무로 만들었다. 이러한 견고함은, 다소 척박한 곳에서도 잘 자라는 박달의 속성과 무관하지 않다.

그렇다고 박달이 물리적으로 단단하기만 한 것이 아니다. 박달은 많은 이야기를 꽉 채워 단단히 품고 있다. 귀신을 쫓는 주술적 방망이로도 영험을 발휘하였고, 슬그머니 남성의 상징을 은유적으로 비유할 때 쓰이기도 한다. 게다가 단군 신화에 나오는 신단수(神檀樹)와 단군(檀君)의 단(檀)은 박달나무를 가리키는 말이므로, 단군신화와 박달이 전연 끈이 없지 않다고 이르기도 한다. '박달'은 '밝'과, 구려어(句麗語)로 산(山) 또는 '뜰', '들[野]'을 지칭하는 '달'이 합쳐진 말로서 '밝은 산'을 가리킨다는 주장도 있다. '밝은 산'은 '백산(白山)'이므로, 태백산(太白山)과 백두산(白頭山)을 일컫는다는 일부 추측도 있다. 이처럼 단단한 박달의 이름으로 박달회는 오십 년 전에 움텄다.

4. 어디서 모였나?

첫 모임 장소를 지금의 국립중앙의료원 동쪽 후문 쪽에 있던 스칸디나비안 클럽으로 기억하는 이도 있다. 그러나 처음 모였던 곳은 소진탁의 개인일기에 적혀 있듯이, 서울 중구 초동 극장 뒤 로스구이집이었다. 박달회 제20집에 실린 소진탁 당시 회장의 머리글이다.

"지금부터 20년 전 정확하게 1973년 4월 3일. 나의 일기 한 구절을 옮겨본다. '저녁 草洞劇場뒤 로스구이 집에서 崔臣海, 康晰榮 박사를 주동으로 창립되는 醫人들끼리의 文人會에 참석. 소위 문학인이라 자칭하는 열다섯 사람 중에 끼이게 되었다니 어색하고 쑥스럽다. 그간 주간지들에 실렸던 수필들 덕일까…?'"

창립 이후 국립의료원(메디컬센터, 지금의 국립중앙의료원) 내의 스칸디나비아 클럽에서 주로 모였지만, 로열호텔 대전룸, 신촌 만다린, 버드나무집, 퍼시픽호텔 상하이룸, 종로 파인힐, 국도극장 뒤 신성, 관철동 전원, 인사동 양남 한정식, 을지로4가 아서원, 신촌 형제 갈비, 동보성 등에서도 모임을 가졌다. 뒤이어 대림정에서 주로 모이면서, 간간이 이태원의 캐피털 호텔(현재 몬드리안 호텔) 레스토랑에서 회합했다. 대림정이 문을 닫으면서, 정준기의 주선으로 서울 중구 삼일대로의 '이비스 스타일 앰배서더 서울 명동 호텔' 21층의 '르 스타일(Le Style)'에서 모이고 있다.

이따금 회원 집에서도 모임을 했다. 1976년 11월 9일, 회원 방문 제1호 및 송윤희 병원 신축 기념으로, 송윤희 집에서 모였다. 방문 시 금성사 제품의 벽시계를 선사하였다. 1986년 2월 11일엔, 서울 강남구 신사동의 최신해의 집에서 월례회를 가졌다. 또한 특별한 모임엔 부부 동반을 하였다. 1983년 12월

13일, 프레지던트 호텔에서 가진 송년 겸 박달회 창립 10주년 기념식엔, 부부가 함께 참석하였다[그림3].

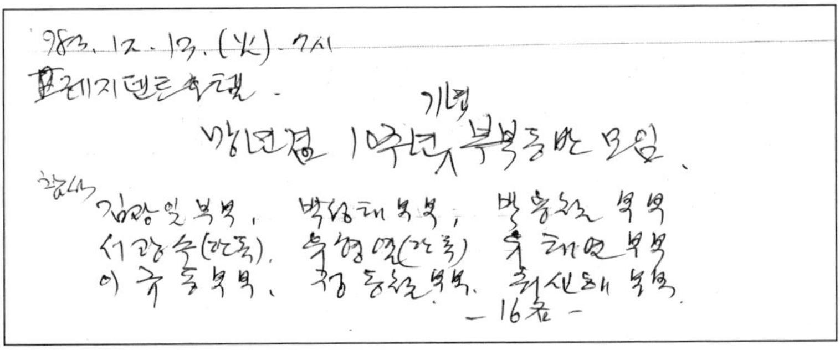

[그림3] 1983년 12월 13일 망년 겸 창립 10주년 기념 부부 동반 모임을 기록한 당시 회의록

  제2 수필집의 제목 『화요일 밤의 얼굴들』(1975년)에서도 쉬이 알 수 있듯이, 처음부터 대부분 매월 둘째 화요일에 모였다. 모임 때를 더러 변경하기도 하였는데, 관련하여 한 가지 떠오르는 기억이 있다. 이화의대 출신 회원이 '이화 출신들은, 이화라는 이름에 맞추어 둘째 화요일에 모이는 일이 많다.'라며 일자 변경을 제안하여, 한동안 둘째 화요일을 피해 모였다. 「이화」의 '이'는 '둘째', 이화의 '화'는 '화요일'로 풀어 택일하는 경향이 있다는 사연을 받아들인 것이었다. 그러나 둘째 화요일, 특히 화요일에 모이는 관성은 지금도 그 위력을 발휘하고 있다.

II. 박달회 공동 수필집, 해마다 한 번도 거르지 않고
1. 제1집 『못다한 말이』

창립 한 해를 맞으며, 박달회 수필집 제1집을 냈다. 초대 이제구 회장은 '첫 수필집을 내면서' 자랑스레 즐거워하고 있다.

"———— 그러나 생각하고 있는 것, 느끼고 있는 것, 또는 마음속에서 움직이고 있는 것 等 여러 가지를 充分히 그리고 適切하게 말(發言)로써 表現하기란 쉬운 일이 아니다. 또 할 수도 없는 일이다. 이런 여러 가지 中에서 適切하게 充分히 表現하기는 힘드나, 一部나마 남기고 싶은 것을 글(文字)로써 記錄하여 두자는 것이다. 이런 意圖로 15名의 醫師들이 매월 첫 화요일에 모여 앉아 얘기를 나누어 가진 지 벌써 一年. 그 〈못다한 말들〉을 글로 엮어 적은 책자를 내게 되니 즐겁고 자랑스러움을 금할 길이 없다. 一九七四, 四, 二, 박달회를 代表해서 - 李濟九 識"
– 박달회 제1수필집 『못다한 말이』(1974년) 「머리말」 부분

제1집 『못다한 말이』는 당시 의학잡지 《最新醫學》을 발간하던 최신의학사의 최신출판사에서 찍어냈고, 표지는 서광수의 풍경화로 장식하였다[그림4]. 본문은 세로쓰기를 했다. 총 412쪽의 양장본으로 산뜻하게 제본, 장정한 수필집은 의료계는 물론 장안에 화제를 몰고 왔다. 한 예로, 《동아일보》는 '의사들 모임인 박달회 회원의 첫 수필집'이라며 『못다한 말이』 출간을 알리는 기사를 실었다.

[그림4] 박달회 제1 수필집 『못다한 말이』(1974년) 표지

　수필집의 판형은, 제1집부터 제21집까지 46판(128× 188mm)이었고, 제22집부터는 출판 추세에 따라 신국판(152 ×225mm)으로 바꾸었다. 수필집 출판은 그 후, 전파과학사, 공화출판사, 우성문화사, 복지문화사, 새한문화사, 삼두문화사, 출판사 운향 등을 거쳐, 지금은 지누출판사에서 맡고 있다.

2. 해마다 공동 수필집을 내다

　박달회는 한 해도 거르지 않고 수필집을 내고 있다〈뒷편 부록 참고(자료3)〉. 왜 해마다 책을 내고 있을까? 1975년 4월, 당시 회장이었던 최신해는 '매달 첫 화요일 저녁에 함께 만나서 술잔을 들고 격의 없는 담소로 시간을 보내는' 모임이, 매년 수필집을 상재하는 이유를 제2집 『화요일 밤의 얼굴들』에 밝히고 있다.

"이 책을 내는 의도는 우리의 모임에 참가 못 하시는 분들에게 나누어 드림으로써 우리와 자리를 함께하는 것과 마찬가지의 우정의 가교가 되어 줄 것을 믿기 때문이다."

이야기는 사람의 가장 원초적이고 보편적인 의사소통의 한 유형이다. 이야기는 인간 또는 인간 삶의 상호 관계에서 비롯한다. 이야기는 바로 서술의 대상이며 동시에 주제이며, 바로 그 서사를 서술하면 글이 된다. 서술을 수사하면 예술성을 지닌 멋진 문학 작품이 된다. 이야기 나누려고 모이는 박달회는, 어쩔 수 없이 서술하고 수사할 글감의 활화산이니, 적어도 일 년에 한 번은 수필집을 내지 않을 수 없다.

III. 박달회는
1. 박달회는 글을 쓰게 한다

박달회 수필집 제17집 『생명의 축제』가 1990년 10월 30일 나왔다. 수필집 제목은 맹광호 회장의 글 제목인 『생명의 축제』였다. 수필집은 '15人 醫師同人 隨筆集'의 부제를 달고, 송윤희, 이규동, 최신해, 김광일, 맹광호, 소진탁 등 일곱 명의 창립회원, 정동철, 박양실, 박성태 세 명의 막강 회원, 그리고 갓 입회한 유형준, 박금자, 서정돈, 신옥자, 김석희 등의 수필을 담았다. 평양 사범대 국문학과를 졸업하고 고등학교 교사를 하다가, 고대 의대를 나온 소아과 송윤희의 「초겨울의 단상」을 첫 글로, 정동철의 「의사의 침묵」, 최신해의 「한국고대사」, 박성태의 「내가 즐겨 듣는 음악」, 소진탁의 「우리는 생물가족」, 박금자의 「꿈」, 서정돈의 「아파트촌의 달팽이」, 유형준의 「코끝」 등이 함께 실렸다.

아마도, 수필집 제목은 다섯 명의 새내기 회원의 동참이 박달회의 생명력을 한껏 솟치게 했던 것과 무관하지 않았으리라 여긴다. 실제로 출간을 기념하는 자리에서, 이야기와 글감이 넘치는 박달회의 생명력을 모든 회원이 느꼈던 일이 생생하다. 바로 생명의 축제였다.

축제의 신명진 정서는 박달회의 툭툭한 글힘으로 생동하고 있다. 최근 몇 년간 회원들이 출간한 서적들을 모아본다. 한광수『엄마, 엄마 미꾸리 안 먹어』,『Where is My Captain?』,『토토야 안녕』,『우실리 사람들』, 이헌영『까치밥』,『내 고향 시골마을』,『아름다운 지구촌』,『여백이 있는 그림』, 채종일『채종일 교수의 글모음』, 유형준『늙음 오디세이아』,『의학에서 문학의 샘을 찾다』, 김숙희『풍경이 있는 진료실』, 정준기『소소한 일상 속 한줄기 위안』,『다른 생각 같은 길』, 홍지헌『당신의 귀코목의 건강을 위하여』,『이비인후과 의사의 어지럼증 보고서』, 박문일『아기 뇌가 즐거운 감성 뇌태교 동화』,『건강한 삶을 위한 50가지 이야기』, 최종욱『자신에게 미쳐라』,

박종훈『당신 잘못이 아닙니다』, 홍영준『공릉역 2번 출구, 그 곳에서 별을 보다』. 아울러 이헌영은 시집『강물은 꿈을 싣고 간다』, 유형준은 시인 유담으로서『가라앉지 못한 말들』,『두근거리는 지금』, 홍지헌은 시집『나는 없네』,『자작나무는 하염없이 하얗게』를 출간했다.

회원들의 왕성한 창작 활동이 자아낸 삽화가 하나 있다. 2023년에 한광수가『우실리 사람들』을 상재했다. 책제(冊題) '우실리 사람들'은 공동수필집 제38집『은하수를 끌어오다』(2011년)에 실었던 자신의 수필 제목이었고, '은하수를 끌어오다'는 제주도 한라산을 정감있게 그려 공동수필집에 담은 김숙희의 수필 제목이었다. 한 회원의 수필 제목이 공동수필집 제목이 되고, 그 수필집에 실렸던 다른 회원의 수필 제목이 그 후 열두 해가 지나, 개인 수필집의 제목으로 자리하는 인연, 분명 박달회의 글힘이 발휘하는 인연의 축제가 아닌가.

박달회의 문학적 생명력을 되짚으며, 빼놓을 수 없는 기록(記錄)이 있다. 한국의사시인회 창립을 박달회원이 발의하고 주도했다는 사실이다. 그 과정의 한 장면을 옮긴다. "유난히 추운 겨울을 겪고 난 2012년 3월 17일 토요일 오후 8시, 대치동 카페베네에서, 시인 유담은 이비인후과 원장인 홍지헌 시인에게 창립 취지를 설명하고 의기(意企)했다." - 유담,《시문학》(2014년 정월호)

2. 박달회는 아름다운 해후

2007년 12월에 발간한 제34집 제목은 『아름다운 해후』였다. 한 해 전, 박달회 회원이 된 서민과 조재범의 글을 포함하여 총 쉰여덟 편의 수필을 실었다. 수필집의 제목은, 미국의 고교 동기들을 만나러 떠난 여행을 '오십 년만의 수학여행'이라며 회상한 한광수 당시 회장의 수필 제목 그대로다.

아름다운 해후. '해후상봉(邂逅相逢)'의 줄임말인 해후는 '우연히'라는 의미의 한자를 반복하며, 참으로 뜻밖에 만나는 극적 만남을 뜻한다. 생각지 못했던, 더구나 아름다운 만남, 아름다운 해후. 정기적으로 모이면서도 늘 아름답게 흐뭇한 모임의 소중함을 담아내기엔 이에 비견할 만한 다른 제목을 지금도 찾을 수 없다.

『아름다운 해후』의 머리글에 담긴, 김석희의 황급한 떠나감을 애도하는 슬픔은 박달 해후의 깊이만큼 깊었다. 한광수 당시 회장은 서문에서 "남달리 다재다능했고, 깊고 넓게 살았던 김석희 동인은 비록 짧았지만, 그 삶의 폭과 깊이는 여느 사람의 몇 배나 되는 셈"이라고 추도했다. 아울러 김석희와 함께 입회하였던 유형준은, 분명 아름다운 만남으로 영원히 기억될 고인의 글을 떠올리며, 어쩌면 모든 해후의 소중한 부분인 헤어짐을 애달파했다.

"지난 연말 선배가 회장으로서 펴낸 박달회 수필집 제33집 책머리에 적은 글이 자꾸 떠오릅니다. '단풍은 잎들이 나무를 떠나기에 앞서 벌이는 작별 축제라고 했습니다. 자기 터전 떠나는 일에 미련이 남지 않을 수 없어 한바탕 흐드러지게 잔치라도 벌여야 섭섭한 마음이 위안받을 것입니다.....'" - 유형준, 「김석희 선배를 보내며」 부분(제33집 『보이지 않는 거울』 (2006년), 《의협신문》(2007년 1월 23일)

박달회 오십 년간, 김석희 외에도 몇몇 회원이 세상을 떠났다 〈뒷편 부록 참고(자료2)〉. "아무리 단단한 박달나무 모임이지만 인생무상이란 천리만은 피할 길 없었나 보다."라고 제20집 『박달 스무 해』(1993년)에 머리말을 썼던 소진탁은 2016년 소천(召天)을 입었다. 그해 공동 수필집 제43집 『삶의 미학』은 권말에, '杏園 소진탁 교수님을 기리며' 추모 특집을 마련했다. 이헌영은 "대학 은사로서, 또한 결혼 주례자로서, 사랑과 봉사에 대한 말씀은 인자하신 은사님의 얼굴과 함께 비록 잘 행하지는 못했지만, 평생 저를 이끌어 주셨습니다."라고 기렸다. 또한 기생충학의 후학으로서 채종일은, "학문에 대한 집념과 사회소외계층에 베푼 사랑의 정신을 이어받아 우리 사회가 보다 더 따뜻해지도록 최선의 노력을 다하도록 하겠습니다."라는 다짐으로 회고하였다. 아울러, 유태연은 같은 창립회원으로서, 고인의 떠남을 틀지고 묵직하게 추모했다. "가식과 수식이 없는 솔직담백하고도 따뜻한 글을 쓰셨으며, 진정 글을 사랑하시던 선생님께서도 무상의 천리를 피하지 않고 순순히 따라가셨나 봅니다."

3. 박달회는 정서적 허기를 치유

박달회의 이야기는 때로 특강의 형식을 취하였다. 외부 강사는 물론 회원의 강의를 듣고, 무변(無邊)한 대화를 나누며, 주제의 깊이와 넓이를 모든 회원이 함께 즐겼다. 보관 중인 회의록에 기재되어 있거나, 강의 내용을 녹음하여 녹취한 특강은 수필집에 그 내용이 상세하게 남아있지만, 더러 때와 장소 마저 확인하기 어려운 특강도 있다. 그 어려움을 필자의 어렴풋한 기억으로라도 채우는 게 보탬이 되리라 여겨 적는다.

유한철 박사의 '1970년 캐나다 몬트리올 올림픽 이야기(1976년 9월 14일, 스칸디나비아클럽)', 강석영의 '최근 미국 연수 이야기(1977년 11월 11일, 스칸디나비아클럽)', 이영희 (한국일보 논설위원, 국회의원, 공연 윤리위원장, 1993년 6월 15일, 스칸디나비아클럽) 위원장이 자신의 저서와 관련하여 '만유집에 대하여' 등을 강의하였다. 1999년 6월 15일과 11월 9일 연이어 두 번에 걸쳐 '수필의 이해'란 제목으로 유형준이 강의를 하였다. 마종기 시인 초청 강연, 연세의대 용태순 교수의 '첼로 연주와 음악 이야기', 문미란 시낭송가의 '시낭송 강의와 첫걸음' 특강 등도 있었다. 문 시인의 특강 중엔 곽재구 시인의 「사평역에서」를 회원이 다 함께 낭송하는 시간도 가졌다. 1993년 11월 9일, 이원홍 전 문공부 장관의 초청 대담이 앰배서더 호텔에서 열렸던 기억도 있다. 또한 고궁에서 가졌던,

조재범의 궁궐 역사와 건축에 관한 전문가 수준의 해설-야외 현장 특강이랄까-도 잊을 수 없다. 아울러 정준기의 제안으로 서울대학병원 박물관을, 채종일의 초청으로 기생충 박물관을 방문 관람했던 현장 특강 역시 기억에 남아있다.

단편적 기록이나 회상에 기대어 기억나는 특강들과 달리, 다음의 특강들은 보다 내용이 상세하다. 강연을 녹음하여, 공동 수필집에 실었던 덕택이다.

2016년 3월 7일 월요일 오후 7시 대림정 백합실에서, 신달자 시인(현 한국 시인협회장)이 '정서적 허기를 치유하려고 글을 쓴다'라는 제목으로 특강을 했다. "인간이 글을 쓸 수밖에 없는 조건이 딱 하나 있습니다. 바로 정서적 허기입니다."라며 의사가 쓰는 글의 가치를 강조했다. 강의 내용을 녹취하여 제43집 『삶의 미학』(2016년)에 실었다.

그해 9월 5일에는, 평론가 이선경 교수의 '21세기의 문학과 장르' 특강이 있었다. 원고는 다음 해 제44집 수필집에 실었다. "글을 쓸 때 굉장히 생각이 많고 아이디어가 많은데 그것을 모조리 한 글 안에 담으려 하면 너무나 복잡해지고 무슨 말을 하려는지도 모르게 된단 말이죠. 그럴 때마다 뺄셈의 방법을 사용하여 없어도 되는 것을 모조리 지워버리고 나머지, 그럼에도 불구하고 남는 하나를 딱 찾는 방법. 모든 것을 빼고도 마지막까지 남는 어떤 하나의 방법. 단순하고 자연스럽고 단순하게

하는 것 그것이 본래의 자기적인 독창성이 아닐까?" - 제44집 『향기 있는 진료실』(2017년)

다음 해, 2017년 3월 6일엔 시인 유안진 교수의 「많이 읽고, 많이 생각하고, 많이 써라」라는 제목의 강의가 있었다. "글 쓰는 데는 왕도가 없습니다. 남의 글 많이 읽고, 많이 생각하고, 많이 써보고 하는 수밖에 없지요. 남의 글을 읽으면서 그냥 읽는 게 아니라 기승전결의 구조를 파악해야 합니다. (중략) 창조한다는 것은 집요해야 합니다. 청탁이 안 들어올 때도 초고라도 써 놓아야 청탁이 들어왔을 때 더 윤색해서 잘 쓸 수 있지요. 집요하게 물고 늘어지면 보통은 성공합니다. 더 집요하게 물고 늘어지면 크게 성공하고요." - 제44집 『향기 있는 진료실』(2017년)

같은 해 7월 3일에는, 수필가 신길우 교수가 '수필문학의 改新과 展望 - 수필 쓰는 法'이란 제목으로 특강을 했다. "생명력을 불어넣지 않으면 그냥 모형일 뿐이죠. 생명체가 아니잖아요. 문학도 형식과 내용만 갖추면 되느냐? 아니라는 거죠. 생명력이 없으면 글이 아닙니다. '인간미 있게 써라.'와 같은 언급입니다. 인간이 맛이 있게 느껴지게 써서, 읽으면서 '사람 냄새가 난다.', '사람답다.'고 느껴지면 그건 문학이 됩니다. 바로 하나님이 생명력을 불어넣어 주는 것과 같습니다." - 위와 같음

이처럼 저명한 특강 강사들을 초청하는 데에 당시 회장들의 공을 잊을 수 없다. 한 예로 신달자 시인은 최종욱 회장의 동향

벗이고, 신길우 교수는 최회장의 수필 동인회 회원이었다.

Ⅳ. 인술(仁術)의 텃밭에 수놓은 삶을 이야기하는 임상(臨床)의 작가들 – 의료계 밖에서 보는 박달회

"의사들 모임인 박달회 회원의 첫 수필집, 망중한(忙中閑) 소감(所感)들". 1974년 7월 10일 《동아일보》 제5면에 실린 제1수필집 『못다한 말이』 출간을 알리는 기사의 제목이다. 박달회를, 망중한을 글로 즐기는 의사들의 모임으로 소개하고 있다.

이십삼 년 뒤 1997년 12월 24일, 조선일보는 「24년째 수필집 출간 '臨床의 작가들'」이란 제목의 꽤 긴 기사를 스칸디나비아클럽 모임의 회원 단체 사진과 함께 게재하였다. 기사는 '다양한 예술 재능을 지닌, 남의 이야기를 정성을 다해 귀 기울여 듣는 임상 진료 현장의 작가 의사 모임이 박달회'라며 박달회의 성격과 활동을 이어 소개했다.

"박달회 회원들은 매달 한 번씩 모임을 갖는다. 조촐한 저녁 식사에 정치 분야를 제외한 문화계, 학계, 예술계의 인사들도 초청해 강의를 듣기도 하지만, 회원들 중에도 문인과 화가, 성악가가 있어 농처럼 던지는 재담마저도 소홀히 대하지 않고 서로 귀담아듣는다." – 《조선일보》 1977년 12월 24일 부분
[그림5]

西紀 1997年 12月 24日　　水曜日　　　　조 선 일 보

24년째 수필집 출간 '臨床의 작가들'

이/런/모/임　　글쓰는 의사들 '박달회'

어느 환자이든 자신의 병을 치료해준 의사는 평생 잊지 못하게 된다. 입장을 바꿔서 생각하면 그만큼 의사들은 부담과 보람이 교차하는 삶을 살아야 한다는 얘기가 된다.

중태에 빠진 환자를 살리기 위해 피말리는 시간을 보내야 하고, 새 생명이 탄생하는 숭고한 현장에 서기도 한다.

결코 평범할 수 없는 삶을 살아가며 느끼는 생활의 단상을 모아 해마다 수필집을 내는 의사들이 있다. 24년동안 한 해도 빠지지 않고 수필집을 내는 박달회 회원들.

올해도 「영혼과 삶의 자화상」이란 이름으로 3백여쪽에 달하는 수필집을 냈다. 박달회의 나이가 24년이니 23권의 동인 수필집이 꽂혀있던 회원들의 책꽂이에도 1권의 책이 더해지게 됐다.

비교해부학, 의사나이의 폭, 의사가 드리는 기도, 서있음에, 정신과의사의 제25시, 해군부대 기지병원 등은 의사 수필가의 냄새가 풍겨나는 수필들. 그러나 삶의 여유, 행복은 누구에게나, 시를 쓰는 마음으로, 아버지의 지혜, 양복과 한복 등 더 많은 작품들은 중년의 인생을 살아가며 느끼는 동인들의 삶의 소회를 담고 있다.

박달회 회원들은 매달 한 번씩 모임을 갖는다. 조촐한 저녁식사에 정치분야를 제외한 문화계, 학계, 예술계의 인사들도 초청해 강의를 듣기도 하지만 회원들 중에도 문인과 화가, 성악가가 있어 농처럼 던지는 재담마저도 소홀히 대하지 않고 서로 귀담아 듣는다.

올해는 비매품으로 만들던 수필집을 판매용으로 바꿔 내놓았다.

「뭐 우리가 장사를 하겠다거나 인세를 날리려는 것은 아니고…」 서울대 의대 신경정신과 외래교수 이규동박사는 『한가한 의사들의 도락쯤으로 오해받는 것도 싫고, 타성에 젖어 글쓰는 것을 경계해 보자는 뜻도 있다』고 판매용으로 바꾼 이유를 설명했다.

◇박달회 회원 의사들. 앞줄 왼쪽부터 이규동 소진탁 박양실 정동철 김석희씨. 뒷줄 왼쪽부터 이상구 이헌영 유태연 남상혁 맹광호 신옥자 유형준씨.

〈金泰勳기자〉

[그림5] 박달회 소개 기사 《조선일보》(1997년 12월 24일, 제 26면)

또한 경향신문의 박효순 기자는 "박달회 49집『느린 걸음으로』속에는 의사가 아닌 누군가의 자식으로, 친구로, 환자로 마주한 경험과 감정들이 담겨 있다."(《경향신문》 2022년 12월 21일)라고 박달회 수필집을 알렸다.

아울러 연세대학교 국학연구원 학술연구교수이며 문학평론가인 김성수 교수는 박달회를, "요즘처럼 인터넷 매체를 활용하여 블로그 글쓰기를 즐겨하거나 트위터를 통한 의사소통이 활발하게 이루어지는 이 시대에 환자들의 병을 치료해주면서 '인술(仁術)'을 펼치는 의사로서 1973년부터 시작하여 오늘에 이르기까지 한 해도 거르지 않고 (중략) 수필집을 내온 의사 동인들'의 모임"이라고 평했다. 동시에 "의사라는 직업의 일상과 취미와 여가, 그리고 그들의 일에서 펼쳐지는 다채로운 면면들이 이야기의 오케스트라로 협주되는 풍경을 감상할 수 있는 소중한 기회를 수놓은 의사작가들의 모임이라고 박달회를 조명하였다." – 김성수, 「'인술(仁術)의 텃밭'에 수놓은 삶의 이야기 풍경 – '박달회' 수필동인의 연륜과 글쓰기에 대하여」, 『문학과 의학』(2011년 5월)

맺는 글
– 60주년, 100주년을 넘어 영원토록

"우리는 달마다 만나 주변 이야기를 나누었고 글을 모아 책을 꾸미었다. 〈중략〉 오직 모이는 뜻이 같았다는 것 이외에 아무 이유도 없으리라. 〈중략〉 우리가 해야하는 일은 따로 있으면서 그래도 어데선가 마음의 여유가 그리워 모이는 것이...."
[제10집 『달마다 해마다』(1983년)]

윤임중 당시 회장의 머리글이다. 그 뒤로 사십 년을 더, 마음의 여유가 그리운 이들이 변함없이 같은 뜻으로 모여 오십 년이 쌓였다.

세월은 쌓인다. 세월은 흘러간다지만, 이는 세월을 착각으로 잘못 본 탓이다. 세월은 그 자리에 그대로 서 있고, 흘러가는 건 나다. 차를 타고 가노라면, 별안간 길가의 가로수와 건물들이 뒤로 뒤로 줄지어 달려가는 것처럼 느낄 때가 있다. 차가, 또한 차에 탄 내가 앞으로 달려갔지만, 순간적으로 가로수며 집이 뒤로 간 것처럼 착각한 것이다. 세월은 쌓여간다. 애정과 미움이 쌓이고, 지식도 덕도, 추억도 슬픔도 쌓이고 쌓인다. 우리네 인생사와 연분이 있는 모든 일들이나 속내들을 묘사하는 단어들을 죄다 들먹이면서, 뒤에 '쌓인다'라는 말을 붙이면 어느 하나 어색한 게 없다. 지나간 머언 기억을 내가 잊은 것이지, 기억이 세월에 얹혀, 기억이 세월 따라 흘러간 것이 아니다. 세월이 기억을 씻어 간 것이 아니다. 의식에서 잊혔다 하더라도 무의식 어딘가에 고스란히 쌓여 있다.

창립에서 오늘까지 회원 총수는 마흔여섯 명이며, 작고 회원 열다섯 명, 개인적 사정에 따라 탈회 회원 열네 명으로, 현재 적극 활동 회원은 열일곱 명이다[자료2]. 쉰 돌을 맞는 2023년 현재, 곽미영, 김숙희, 박문일, 박종훈, 양은주, 양훈식, 유형준, 이상구, 이헌영, 정준기, 조재범, 채종일, 최종욱, 한광수,

홍순기, 홍영준, 홍지헌 등(가나다 순)이 박달회 나이테를 쌓고 있다.

동인회는 예술상의 주의(主義), 취미, 경향 따위를 같이 하는 사람들의 모임이다. '어느 동인회든 이름을 갖고 있다. 동인회마다 갖가지 연유를 담고 있는 게 예사지만, '박달회', 이제는 아무리 애를 써도 제삼자의 객관성을 견지할 수 없는 이름임을 즐거이 고백하며', [유형준,「박달, 박달회」, 제29집『무한 속의 작은 단상(斷想)(2002년)』], 박달회 쉰 살을 이야기했다.

그러나 반백년을 단숨에 빠짐없이 다 적어 쌓을 재간은 없다. 여기 적은 내용보다 훨씬 더 넉넉한, 박달회의 세월은 행간에 넣어 두었다고 스스로 위로한다. 훗날, 박달회를 더 사랑하는 영민한 회원이 이 허술한 행간을 한 겹 한 겹 들추어, 지금보다 부쩍 엽엽(曄曄)해졌을 박달회를 오롯한 기록으로 채워 주리라는 소망과 함께.

이제 글을 맺으며, 창립회원 유태연이 창립 40주년 기념 박달회 수필집에 실은 박달회 건강 장수 기원문을, 기쁘고 단단한 소리로 복창(復唱)한다.

"박달회가 앞으로 40주년을 지나 60주년, 100주년을 넘어 영원토록 지속 발전하면서 文香이 가득한 글들이 온누리에 넘쳐나기를 기대하면서, 그런 날이 오기까지 회원 여러분의 건강과 행복이 함께 하기를 진심으로 기원하는 바이다." - 유태연,

「박달의 意味와 回顧 40년」 부분, 의사동인 박달회 수필집 제 40집 『박달 나이 마흔』(2013년)

※ "박달회 창립 50주년 기념 축하시낭송 '한 줌의 온기가 박달로 자라' – August 26, 2023" 유튜브 비디오, 2:38. 게시자 "Hyung Joon Yoo", 10 15, 2023. https://youtu.be/GNYFFikofZl?si=JOXBUbA5k98eomSk

부록 참고 자료
〈자료1〉 역대 회장단 명단
〈자료2〉 회원 명단(1973년~2023년)
〈자료3〉 수필집 제목, 회장 총무 및 참여 회원 이름, 출판사명, 발행 년월

01 박달회 역대 회장단 명단

1대 회장 이제구	재무 서광수, 총무 맹광호	1973. 4. 1~1974. 4. 30
2대 회장 최신해	간사 맹광호	1974. 5. 1~1975. 5. 30
3대 회장 강석영	간사 이순형	1975~1976
4대 회장 서광수	간사 박성태	1976~1977
5대 회장 소진탁	간사 유태연	1977~1978
6대 회장 박용철	간사 김광일	1978~1979
7대 회장 송윤희	간사 이규동	1979~1980
8대 회장 류형열	간사 윤임중	1980~1981
9대 회장 이규동	간사 김철규	1981~1982
10대 회장 윤임중	간사 정동철	1982~1983
11대 회장 정동철	간사 없음	1983~1984
12대 회장 김광일		1984. 9~1985. 9
13대 회장 박성태		1985~1986
14대 회장 김철규		1986~1987
15대 회장 유태연		1987~1988
16대 회장 최신해	간사 박양실	1988. 11~1989. 11
17대 회장 맹광호		1989. 12~1990. 9
18대 회장 이규동	간사 신옥자	1990. 10~1991. 12
19대 회장 정동철	간사 신옥자	1992. 1~1992. 12
20대 회장 소진탁	간사 신옥자	1993. 1~1993. 12
21대 회장 박양실	간사 유형준	1994. 1~1994. 12
22대 회장 김광일	간사 이헌영	1995. 1~1995. 12
23대 회장 맹광호	간사 김석희	1996. 1~1996. 12
24대 회장 이규동	간사 김석희	1997. 1~1998. 12
25대 회장 박양실	간사 이상구	1999. 1~2000. 12
26대 회장 정동철	간사 신옥자	2001. 1~2002. 12
27대 회장 남상혁	총무 유형준	2003. 1 ~ 2004. 12
28대 회장 김석희	총무 김숙희	2005. 1 ~2006. 12
29대 회장 한광수	총무 홍순기	2007. 1 ~ 2008. 12
30대 회장 이헌영	총무 조재범	2009. 1 ~ 2010. 12
31대 회장 유형준	총무 조재범	2011. 1 ~ 2013. 12
32대 회장 이상구	총무 곽미영	2014. 1 ~ 2015. 12
33대 회장 최종욱	총무 곽미영	2016. 1 ~ 2017. 12
34대 회장 채종일	총무 홍지헌	2018. 1 ~ 2019. 12
35대 회장 정준기	총무 홍지헌	2020. 1 ~ 2021. 12
36대 회장 김숙희	총무 홍지헌	2022. 1 ~ 2023. 12

회원 총 명부

우리 박달회는 창립에서 오늘까지 회원 총수는 46명이며, 작고 회원 15명, 개인적 사정에 따라 탈회 회원 14명으로, 현재 적극 활동 회원은 17명이다.

1	이제구	1973~1976 작고(1986. 6)	25	서정돈	1990~1996
2	강석영	1973~1989 작고	26	신옥자	1990~2005
3	곽대희	1973~1974 작고(2021. 3. 20)	27	김석희	1990~2007 작고(2007. 1. 10)
4	김광일	1973~ 작고(2014. 12.12)	28	이헌영	1994~
5	맹광호	1973~2000	29	남상혁	1995~2013 작고(2015. 2. 16)
6	박용철	1973~1989 작고	30	한광수	1997~
7	서광수	1973~1989 작고	31	이상구	1997~
8	소진탁	1973~1998, 1999~2016(교신회원) 작고(2016. 10. 31)	32	김숙희	2002~
			33	박문일	2003~
			34	홍순기	2006~
9	송윤희	1973~1990	35	서 민	2007
10	유태연	1973~2016	36	조재범	2007~
11	이규동	1973~2022 작고(2022. 2. 6)	37	문정림	2009~
			38	최종욱	2009~
12	이병화	1973~1976 작고	39	홍지헌	2009~
13	이순형	1973~1980	40	채종일	2010~
14	장여옥	1973~1974	41	곽미영	2012~
15	최신해	1973~1990 작고(1991. 4. 9)	42	정준기	2012~
			43	박종훈	2015~
16	류형열	1974~1988 작고	44	양훈식	2018~
17	윤임중	1974~1989 작고(2008. 4. 30)	45	양은주	2018~
			46	홍영준	2021~
18	박성태	1975~1994			
19	김정숙	1977~1979			
20	김철규	1980~1988, 1999~2002(재참여)			
21	정동철	1983~2017			
22	박양실	1980~2023 작고(2023. 2. 21)			
23	유형준	1990~			
24	박금자	1990~1991			

03 박달회 전집

제 1 집 1974년
창간호 **못다한 말이**
회장 | 이제구
강석영, 곽대희, 겸광일, 맹광호, 박용철, 서광수, 소진탁, 송윤희, 유태연, 이규동, 이병화, 이순형, 이제구, 장여옥
| 최신출판사 1974. 4 발행 |

제 2 집 1975년
화요일 밤의 얼굴들
회장 | 최신해
강석영, 김광일, 류형열, 맹광호, 박성태, 박용철, 서광수, 소진탁, 송윤희, 유태연, 이규동, 이병화, 이순형, 이제구, 윤임중
| 최신출판사 1975. 6 발행 |

제 3 집 1976년
우물 밖의 개구리
회장 | 강석영
강석영, 김광일, 박성태, 박용철, 서광수, 소진탁, 송윤희, 유태연, 류형열, 윤임중, 이규동, 이병화, 이순형, 이제구, 맹광호
| 공화출판사 1976. 6 발행 |

제 4 집 1977년
두들기면 도는 팽이
회장 | 서광수
강석영, 김광일, 맹광호, 박성태, 박용철, 서광수, 소진탁,송윤희, 유태연, 류형열, 윤임중, 이규동, 이병화, 이순형, 이제구
| 공화출판사 1977. 6 발행 |

제 5 집 1978년
장군 멍군
회장 | 소진탁
강석영, 맹광호, 소진탁, 송윤희, 류형열, 박용철, 박성태, 이제구, 유태연, 윤임중, 김정숙, 서광수, 이규동, 이순형, 김광일
| 전파과학사(머리말에 언급) 1978. 7 발행 |

제 6 집 1979년
穗
회장 | 박용철
강석영, 김광일, 김정숙, 맹광호, 박성태, 박용철, 서광수, 소진탁, 송윤희, 유태연, 류형열, 윤임중, 이규동, 이순형
| 1979. 6 발행 |

제 7 집 1980년
八願七起
회장 | 송윤희
강석영, 김광일, 김철규, 맹광호, 박성태, 박용철, 서광수, 소진탁, 송윤희, 유태연, 류형열, 윤임중, 이규동, 이순형, 정동철, 최신해
| 우성문화사 1980. 7 발행 |

제 8 집 1981년
꿈, 꿈, 꿈
회장 | 류형열
맹광호, 김철규, 박성태, 박용철, 소진탁, 윤임중, 김광일, 강석영, 소진탁, 유태연, 송윤희, 서광수, 이규동, 전동철, 류형렬
| 1981. 7 발행 |

제9집 1982년
머루랑 다래랑
회장 | 이규동
이규동, 송윤희, 류형열, 강석영, 박용철, 정동철, 서광수, 박성태, 김철규, 윤임중, 김광일, 유태연, 소진탁, 최신해, 맹광호
| 1982. 7 발행 |

제10집 1983년
달마다 해마다
회장 | 윤임중
강석영, 김광일, 김철규, 류형열, 맹광호, 박성태, 박용철, 서광수, 소진탁, 송윤희, 유태연, 윤임중, 이규동, 정동철, 최신해
| 1983. 5 발행 |

제11집 1984년
말죽거리에서 만난 사람들
회장 | 정동철
강석영, 김철규, 맹광호, 박용철, 소진탁, 유태연, 이규동, 정동철, 김광일, 최신해, 윤임중, 류형열, 박성태, 서광수, 송윤희
| 복지문화사 1984. 7 발행 |

제12집 1985년
술잔에 담은 세월
회장 | 김광일
김광일, 맹광호, 박용철, 유태연, 이규동, 정동철, 최신해, 강석영, 김철규, 윤임중, 류형열, 박성태, 서광수, 소진탁, 송윤희
| 협동연구사 1985. 9 발행 |

제13집 1986년
이젠 진실을 말할 때
회장 | 박성태
이규동, 정동철, 김광일, 김철규, 유태연, 서광수, 박용철, 박성태, 강석영, 윤임중
| 협동연구사 1986. 8 발행 |

제14집 1987년
잊을 수 없는 사람들
회장 | 김철규
정동철, 최신해, 강석영, 김광일, 김철규, 류형열, 맹광호,박성태, 박용철, 서광수,소진탁, 송윤희, 유태연, 윤임중, 이규동
| 협동연구사 1987. 9 |
※ 가로쓰기 시작

제15집 1988년
바람의 발자국
회장 | 유태연
이규동, 정동철, 최신해, 강석영, 김광일, 김철규, 박양실, 맹광호, 박성태, 박용철, 서광수, 소진탁, 송윤희, 유태연, 윤임중, 고 류형열
| 협동연구사 1988. 9 발행 |

제16집 1989년
절에 있는 원숭이
회장 | 최신해
윤입중, 이규동, 정동철, 최신해, 강석영, 김광일, 박양실, 맹광호, 박성태, 박용철, 서광수, 소진탁, 송윤희, 유태연
| 협동연구사 1989. 10 발행 |

제17집 1990년
생명의 축제
회장 | 맹광호
송윤희, 이규동, 정동철, 최신해, 김광일, 박양실, 맹광호, 박성태, 소진탁, 박금자, 신옥자, 서정돈, 유형준, 김석희
| 협동연구사 1990. 10 발행 |

제18집 1991년
환타지아
회장 | 이규동
김석희, 소진탁, 신옥자, 김광일, 박성태, 맹광호, 박금자, 박양실, 이규동, 정동철, 서정돈, 유형준, 유태연
| 삼두문화사 1991. 11 발행 |

제19집 1992년
갓길에 서서
회장 | 정동철
유태연, 김석희, 소진탁, 신옥자, 김광일, 박성태, 맹광호, 박금자, 박양실, 이규동, 정동철, 서정돈, 유형준
| 삼두문화사 1992. 11 발행 |

제20집 1993년
박달 스무해
회장 | 소진탁 1993.10 발행
유형준, 유태연, 김석희, 소진닥, 신옥자, 김광일, 박성태, 맹광호, 박양실, 이규동, 정동철, 서정돈
| 삼두문화사 |

제21집 1994년
박달나무가 있는 언덕
회장 | 박양실
서정돈, 정동철, 유형준, 유태연, 김석희, 소진탁, 신옥자, 김광일, 박성태, 맹광호, 박양실, 이규동, 이헌영
| 삼두문화사 1994. 11 발행 |

제22집 1995년
받을 뿐, 언제나 빈손
회장 | 김광일
이헌영, 서정돈, 정동철, 유형준, 김석희, 소진탁, 신옥자, 이규동, 박양실, 이규동, 남상혁
| 삼두문화사 1995. 11 발행 |

제23집 1996년
쉼표를 찍는 삶의 여유
회장 | 맹광호
남상혁, 이헌영, 서정돈, 정동철, 유형준, 김석희, 소진탁, 신옥자, 김광일, 맹광호, 박양실, 이규동
| 삼두문화사 1996. 11 발행 |

제24집 1997년
영혼과 삶의 자화상
회장 | 이규동
이규동, 남상혁, 이헌영, 정동철, 유형준, 김석희, 소진탁, 신옥자, 김광일, 맹광호, 박양실, 유태연, 한광수, 이상구
| 삼두문화사 1997. 12 발행 |

제25집 1998년
이 풍진 세상을
회장 | 이규동
유태연, 이규동, 남상혁, 이헌영, 정동철, 유형준, 김석희, 소진탁, 신옥자, 김광일, 맹광호, 박양실, 한광수, 이상구
| 삼두문화사 1998. 12 발행 |

제26집 1999년
세기의 길목에 서서
회장 | 박양실
이상구, 유태연, 이규동, 남상혁, 이헌영, 정동철, 유형준, 김석희, 신옥자, 김광일, 맹광호, 박양실, 김철규, 한광수
| 삼두문화사 1999. 12 발행 |

제27집 2000년
올라와 내려다보니 결국 그 자리
회장 | 박양실
한광수, 이상구, 유태연, 이규동, 남상혁, 이헌영, 정동철, 유형준, 김석희, 신옥자, 김광일, 맹광호, 박양실, 김철규
| 삼두문화사 2000. 12 발행 |
소진탁(초대)

제28집 2001년
징검다리 인생
회장 | 정동철
소진탁, 한광수, 이상구, 유태연, 이규동, 남상혁, 이헌영, 정동철, 유형준, 김석희, 신옥자, 김광일, 박양실, 김철규
| 삼두문화사 2001. 11 발행 |

제29집 2002년
무한속의 작은 단상
회장 | 정동철
남상혁, 이규동, 박양실, 유태연, 정동철, 김광일, 한광수, 이헌영, 김석희, 유형준, 신옥자, 이상구, 김숙희, 김철규, 소진탁
| 삼두문화사 2002. 11 발행 |

제30집 2003년
네가 온다는 밤에
회장 | 남상혁, 총무 | 유형준
이규동, 박양실, 유태연, 정동철, 김광일, 한광수, 이헌영, 김석희, 유형준, 신옥자, 이상구, 김숙희, 소진탁, 남상혁
| 삼두문화사 2003. 11 |

제31집 2004년
매여 있음에
회장 | 남상혁, 총무 | 유형준
박양실, 유태연, 정동철, 김광일, 한광수, 이헌영, 김석희, 유형준, 신옥자, 이상구, 김숙희, 소진탁, 남상혁, 이규동
| 삼두문화사 2004. 11 |

제32집 (2005년) 땅 끝에 서서
회장 | 김석희, 총무 | 김숙희
유태연, 정동철, 김광일, 한광수, 이헌영, 김석희, 유형준, 신옥자, 이상구, 김숙희, 소진탁, 남상혁, 이규동, 박양실, 박문일
| 삼두문화사 2005. 12 |

제33집 (2006년) 보이지 않는 거울
회장 | 김석희, 총무 | 김숙희
정동철, 김광일, 한광수, 이헌영, 김석희, 유형준, 이상구, 김숙희, 소진탁, 남상혁, 박양실, 박문일, 유태연, 홍순기
| 도서출판 선우미디어 2006. 12 |

제34집 (2007년) 아름다운 해후
회장 | 한광수, 총무 | 홍순기
정동철, 한광수, 이헌영, 유형준, 이상구, 김숙희, 소진탁, 남상혁, 박양실, 박문일, 유태연, 홍순기, 서민, 조재범
| 도서출판 선우미디어 2007. 12 |

제35집 (2008년) 영혼의 산책
회장 | 한광수, 총무 | 홍순기
한광수, 이헌영, 유형준, 이상구, 김숙희, 소진탁, 남상혁, 박양실, 박문일, 유태연, 홍순기, 조재범, 정동철
| 도서출판 운향, 2008. 12 |

제36집 (2009년) 여백과 침묵
회장 | 이헌영, 총무 | 조재범
이헌영, 유형준, 이상구, 김숙희, 남상혁, 박문일, 유태연, 홍순기, 조재범, 정동철, 한광수, 최종욱, 홍지헌, 문정림
| 도서출판 운향, 2009. 12 |

제37집 (2010년) 낙엽을 기다리며
회장 | 이헌영, 총무 | 조재범
유형준, 이상구, 김숙희, 소진탁, 남상혁, 박문일, 유태연, 홍순기, 조재범, 정동철, 한광수, 최종욱, 홍지헌, 문정림, 이헌영, 채종일
| 도서출판 운향, 2010. 12 |

제38집 (2011년) 은하수를 끌어오다
회장 | 유형준, 총무 | 조재범
이상구, 김숙희, 남상혁, 박문일, 유태연, 홍순기, 조재범, 정동철, 한광수, 최종욱, 홍지헌, 이헌영, 채종일, 유형준
| 도서출판 운향, 2010. 12 |

제39집 (2012년) 꽃이 피네, 꽃이 지네
회장 | 유형준, 총무 | 조재범
김숙희, 남상혁, 박문일, 유태연, 홍순기, 조재범, 정동철, 한광수, 최종욱, 홍지헌, 이헌영, 채종일, 유형준, 이상구, 곽미영, 정준기
| 도서출판 지누, 2012. 12 |

제40집
2013년

박달 나이 마흔
회장 | 유형준, 총무 | 조재범
남상혁, 박문일, 유태연, 홍순기, 조재범, 정동철, 한광수, 최종욱, 홍지헌, 이헌영, 채종일, 유형준, 이상구, 곽미영, 정준기, 김숙희
옛회원 강석영, 곽대희, 김광일, 김석희, 김정숙, 김철규, 류형열, 맹광호, 문정림, 박금자, 박성태, 박양실, 박용철, 서광수, 서민, 서정돈, 소진탁, 송윤희, 신옥자, 윤임중, 이규동, 이병화, 이제구, 최신해(가나다 順)
| 도서출판 지누, 2013. 10. 10 |

제41집
2014년

듣고 싶은 대로
회장 | 이상구, 총무 | 곽미영
박문일, 유태연, 홍순기, 조재범, 정동철, 한광수, 최종욱, 홍지헌, 이헌영, 채종일, 유형준, 이상구, 곽미영, 정준기, 김숙희
| 도서출판 지누, 2014. 12 |

제42집
2015년

때로는 흔들리며
회장 | 이상구, 총무 | 곽미영
(1부 술 이야기) 유태연, 홍순기, 정동철, 한광수, 최종욱, 홍지헌, 이헌영, 채종일, 유형준, 이상구, 곽미영, 정준기, 김숙희, 박문일, 박종훈
(2부 때로는 흔들리며) 유태연, 홍순기, 조재범, 정동철, 한광수, 최종욱, 홍지헌, 이헌영, 채종일, 유형준, 이상구, 곽미영, 정준기, 김숙희, 박문일, 박종훈
| 도서출판 지누, 2015. 12 |

제43집
2016년

삶의 미학
회장 | 최종욱, 총무 | 곽미영
홍순기, 정동철, 한광수, 최종욱, 홍지헌, 이헌영, 채종일, 유형준, 이상구, 곽미영, 정준기, 김숙희, 박문일, 박종훈, 유태연
(杏園 소진탁 교수님(1921~2016)을 추모합니다) 이헌영, 채종일, 유태연
(박달회 초청 특강 – 신달자 시인) 녹음 및 글 정리 유형준
| 도서출판 지누, 2016. 12 |

제44집
2017년

향기 있는 진료실
회장 | 최종욱, 총무 | 곽미영
정동철, 한광수, 최종욱, 홍지헌, 이헌영, 채종일, 유형준, 이상구, 곽미영, 정준기, 박문일, 박종훈, 홍순기
(박달회 초청 특강) 이선경 평론가, 유안진 시인, 신길우 수필가(교수)
– 녹음 유형준, 글정리 유형준, 홍지헌
| 도서출판 지누, 2017. 12 |

제45집
2018년

기억의 색깔
회장 | 채종일, 총무 | 홍지헌
한광수, 최종욱, 홍지헌, 이헌영, 채종일, 유형준, 이상구, 정준기, 김숙희, 박문일, 박종훈, 홍순기, 조재범, 양훈식, 양은주
| 도서출판 지누, 2018. 12 |

제46집
2019년

꿈이야기
회장 | 채종일, 총무 | 홍지헌
최종욱, 홍지헌, 이헌영, 채종일, 유형준, 이상구, 곽미영, 정준기, 김숙희, 박문일, 박종훈, 홍순기, 양훈식, 양은주, 한광수
| 도서출판 지누, 2019. 12 |

제47집
2020년

말없이 등을 기대고
회장 | 정준기, 총무 | 홍지헌
홍지헌, 채종일, 유형준, 이상구, 이헌영, 정준기, 김숙희, 박문일, 박종훈, 홍순기, 양훈식, 양은주, 한광수, 최종욱
| 도서출판 지누, 2020. 12 |

제48집
2021년

허물을 벗어놓고
회장 | 정준기, 총무 | 홍지헌
이헌영, 채종일, 유형준, 이상구, 곽미영, 정준기, 김숙희, 박문일, 홍순기, 양훈식, 양은주, 한광수, 최종욱, 홍지헌, 홍영준
| 도서출판 지누, 2021. 12 |

제49집
2022년

느린 걸음으로
회장 | 김숙희, 총무 | 홍지헌
채종일, 유형준, 이상구, 곽미영, 정준기, 김숙희, 박문일, 박종훈, 홍순기, 양훈식, 양은주, 최종욱, 홍지헌, 홍영준, 이헌영, 조재범
| 도서출판 지누, 2022. 12 |

제50집
2023년

반백년 잘 자란 박달
회장 | 김숙희, 총무 | 홍지헌
유형준, 이상구, 곽미영, 정준기, 김숙희, 박문일, 박종훈, 홍순기, 양훈식, 양은주, 최종욱, 홍지헌, 홍영준, 이헌영, 조재범, 채종일
| 도서출판 지누, 2023. 12 |

정리 기록 | 유형준

의사수필동인박달회
반백년 잘 자란
박달

초판 1쇄 발행 2023년 12월 12일

지은이	박달회
펴낸이	박성주
펴낸곳	도서출판 지누

출판등록	2005년 5월 2일
등록번호	제313-2005-89호
주소	(04165) 서울특별시 마포구 마포대로 15 현대빌딩 907호
전화	02-3272-2052
팩스	02-3272-2053
전자우편	jinubook@naver.com
인쇄·제본	벽호

값 15,000원

ⓒ 지누

ISBN 979-11-87849-50-6 (03810)

이 책은 저작권법에 의하여 보호받는 저작물이므로 무단 전재와 복제를 금합니다.